"十三五"职业教育国家规划教材

QIAOLIANG BIM JIANMO JICHU JIAOCHENG

桥梁BIM建模基础教程

龚静敏　主　编
舒菁英　副主编

化学工业出版社
·北京·

本书是指导初学者用桥梁 BIM 软件进行建模操作的教程。书中以"湖南省某高速公路中桥梁工程"这一实际工程项目为载体，详细介绍了 Autodesk Revit 强大的模型创建及绘图的应用技巧，以及运用 Navisworks 软件进行项目渲染、施工模拟、进度管理的方法，使读者能够使用该软件方便、快捷地创建桥梁模型，引领读者全面学习桥梁 BIM 建模软件。

本书适用于本科、高职院校建筑学和土木类的桥梁 BIM 教学，也适合实际工程项目的桥梁 BIM 人员学习参考。

图书在版编目（CIP）数据

桥梁 BIM 建模基础教程/龚静敏主编. —北京：化学工业出版社，2017.11（2022.4 重印）

ISBN 978-7-122-30720-0

Ⅰ.①桥… Ⅱ.①龚… Ⅲ.①桥梁设计-计算机辅助设计-应用软件-教材 Ⅳ.①U442.5-39

中国版本图书馆 CIP 数据核字（2017）第 240316 号

责任编辑：吕佳丽　　　　　　　　　　装帧设计：王晓宇
责任校对：宋　夏

出版发行：化学工业出版社（北京市东城区青年湖南街 13 号　邮政编码 100011）
印　　装：大厂聚鑫印刷有限责任公司
787mm×1092mm　1/16　印张 9½　字数 224 千字　2022 年 4 月北京第 1 版第 10 次印刷

购书咨询：010-64518888　　　　　　　　售后服务：010-64518899
网　　址：http://www.cip.com.cn
凡购买本书，如有缺损质量问题，本社销售中心负责调换。

定　价：39.00 元　　　　　　　　　　　　　　　　　版权所有　违者必究

前言

本书是指导初学者用桥梁 BIM 软件进行建模操作的教程。书中详细地介绍了 Autodesk Revit 强大的模型创建及绘图的应用技巧,以及运用 Navisworks 软件进行项目渲染、施工模拟、进度管理的方法,使读者能够利用该软件方便、快捷地创建模型和绘制工程图纸。

本书以实际工程项目为载体组织教学内容,以"湖南省某高速公路中桥梁工程"这一实际工程项目为载体,以 Autodesk Revit 全面的操作为依据,引领读者全面学习桥梁 BIM 建模方法。全书共分 14 个单元,主要内容如下。

学习单元一:BIM 概述 主要介绍 BIM 的发展及国内外桥梁 BIM 应用案例。

学习单元二:Autodesk Revit 基础操作 详细介绍了项目文件的创建和设置、Revit Architecture 中图元与族等方面的概念、Revit Architecture 视图显示控制。

学习单元三:创建箱梁桥项目 新建箱梁桥项目,介绍创建和编辑标高、创建和编辑轴网。通过学习标高和轴网的创建,开启桥梁 BIM 模型创建的第一步。

学习单元四:创建箱形截面主梁 介绍创建基本箱梁的创建方法。无论是等截面还是变截面的创建,均可以通过箱梁截面画线工具的绘制、拾取线、拾取面创建,通过内建模型来创建。

学习单元五:创建桥墩、桥台族 主要介绍如何创建和编辑桥墩,进行桥墩参数化的设计,使读者了解结构柱的应用方法。

学习单元六:创建桥面系模型 主要介绍桥面系创建的插入方法与编辑操作,使读者较好地掌握构件图元添加的方法。

学习单元七:创建 T 梁桥 主要介绍 T 梁桥项目的创建,变截面 T 梁、横隔板的建立方法,特别对变截面 T 梁的创建方法进行了较为详细的介绍。

学习单元八:创建拱桥 介绍拱桥常用的需要应用"自适应族"来进行创建的这一类特殊构件的方法。

学习单元九:创建斜拉桥 介绍了斜拉桥主梁、索塔、薄壁墩等构件创建与布置方法,以及如何通过调用适当的构件"族"来创建合适的建筑构件。

学习单元十:工程量统计 介绍了 T 梁混凝土工程量的统计方法。

学习单元十一:Navisworks 基础操作 介绍了 Navisworks 创建和保存文件的方法。

学习单元十二:利用 Navisworks 进行桥梁项目渲染 通过对三维视图的渲染操作,使读者进一步理解和掌握材料的外观特性及控制表现方式。

学习单元十三:利用 Navisworks 进行桥梁施工模拟 桥梁 BIM 模型的优势是可以在施

工时进行施工管理，本单元介绍施工模拟的方法，可运用施工模拟视频进行技术交底。

学习单元十四：利用 Navisworks 进行桥梁进度管理　桥梁 BIM 模型在施工时进行施工管理的另一个体现是进行施工进度管理，本单元介绍施工进度设计的方法以及进度模拟视频的创建方法，施工管理人员通过视频可以看到哪些分项工程进度滞后，方便管理。

本书主要特色有如下几点：

(1) 本书的内容以实用性为主。

(2) 全书的内容都以实际工程项目为依托，根据桥梁施工生成工程项目实体的过程，讲解模型建模的整个流程，环环相扣，紧密相连。

(3) 读者可以扩展学习。**本书的学习视频、成果模型、PPT 免费提供，读者可登录网址 www.cipedu.com.cn，输入本书名，选择课件，自行下载。**

全书共 14 单元，可安排 30~36 课时。

本书的编写得到了湖南交通职业技术学院路桥工程学院李振院长的大力支持，还得到了庾磊、唐勇、张学义、陈建伟、黄俊、卢浩、谢启文、余俊杰等多位学生的协助，在此表示感谢。主编的邮箱为 26626072@qq.com。

本书是真正面向实际应用的桥梁 BIM 基础图书，是卓越院校建设配套教材，可以作为高校、职业技术院校建筑学和土木类等专业的初、中级培训教程，还可以作为广大从事 BIM 工作的工程技术人员的参考书。

编　者
2017 年 8 月

目录

学习单元一　BIM 概述

1.1　BIM 简介 / 001
1.2　国内外桥梁 BIM 应用案例 / 003

学习单元二　Autodesk Revit 基础操作

2.1　工作界面介绍 / 004
2.2　新建 Revit 项目文件 / 007
2.3　保存项目文件 / 007
2.4　视图控制 / 008
2.5　图元操作 / 009

学习单元三　创建箱梁桥项目

3.1　项目驱动：箱梁桥项目简介 / 014
3.2　预备知识 / 015
3.3　新建项目文件 / 015
3.4　标高轴网及平面视图的创建 / 016

学习单元四　创建箱形截面主梁

4.1　预备知识 / 020
4.2　任务一：等截面单箱单室箱梁 / 021
4.3　任务二：创建变截面箱梁截面 / 026
4.4　任务三：第二类变截面箱梁截面创建 / 032
4.5　任务四：创建单箱双室箱梁 / 036

学习单元五　创建桥墩、桥台族

5.1　任务一：桥墩任务简介 / 041
5.2　预备知识 / 042
5.3　创建桩基础、系梁、墩柱、盖梁、支座 / 044
5.4　任务二：桥墩任务简介 / 048
5.5　采用桥墩整体族创建桥墩 / 048
5.6　桥墩的参数化设计 / 057
5.7　创建桥台族 / 059
5.8　将桥墩族载入到项目 / 063

学习单元六　创建桥面系模型

6.1　创建路灯族 / 067
6.2　创建扶手族 / 068

学习单元七　创建 T 梁桥

7.1　项目驱动：T 梁任务简介 / 069

7.2　预备知识 / 071

7.3　新建 T 梁项目文件 / 071

7.4　新建族文件 / 072

7.5　进行 T 梁的参数化设计 / 073

7.6　T 梁族载入到项目 / 073

7.7　创建两 T 梁间现浇段模型 / 076

7.8　创建边梁模型 / 078

7.9　创建横隔板模型 / 078

7.10　创建变截面 T 梁模型 / 078

7.11　绘制图纸 / 080

7.12　T 梁钢筋的设置 / 081

学习单元八　创建拱桥

8.1　项目驱动：拱桥简介 / 085

8.2　预备知识 / 087

8.3　新建项目文件 / 088

8.4　标高轴网及平面视图的创建 / 088

8.5　创建"拱梁"自适应族 / 089

8.6　"拱梁"自适应族载入到项目 / 091

8.7　创建桥墩 / 091

8.8　创建桥面结构 / 092

8.9　创建横系梁 / 094

8.10　创建拱座结构 / 095

8.11　创建栏杆和中央分隔带 / 095

学习单元九　创建斜拉桥

9.1　项目驱动：斜拉桥简介 / 096

9.2　创建斜拉桥项目文件 / 097

9.3　创建主梁 / 097

9.4　创建索塔 / 099

9.5　创建薄壁墩 / 104

9.6　创建承台及基础 / 106

9.7　创建 DD 截面支座 / 109

9.8　创建 DD 截面桥墩、承台及基础 / 110

9.9　创建桥台 / 112

9.10　创建斜拉索族 / 113

学习单元十　工程量统计

10.1　预备知识 / 116

10.2　如何进行 T 梁工程量统计 / 118

学习单元十一　Navisworks 基础操作

11.1　Navisworks 软件简介 / 121
11.2　工作界面介绍 / 122
11.3　启动和退出 Autodesk Navisworks / 123
11.4　Revit 与 Navisworks 的对接 / 123
11.5　打开及创建文件 / 123
11.6　保存和重命名文件 / 124

学习单元十二　利用 Navisworks 进行桥梁项目渲染

学习单元十三　利用 Navisworks 进行桥梁施工模拟

学习单元十四　利用 Navisworks 进行桥梁进度管理

14.1　预备知识 / 129
14.2　进度表与模型的链接 / 133

附录一　《桥梁 BIM 建模》课程标准

一、基本信息 / 137
二、课程性质 / 137
三、课程目标 / 137
四、课程模块描述与学时分配 / 138
五、课程实施说明 / 138

附录二　《桥梁 BIM 建模》授课计划

参考文献

学习单元一

BIM 概述

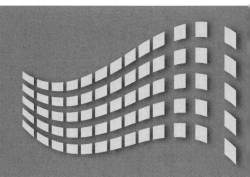

项目一 BIM 是什么?

项目引入 建立桥梁 BIM 模型,首先要了解 BIM 发展的现状和发展的趋势,本单元大家一起来探讨一下吧。

学习内容
任务一:BIM 的定义
任务二:我国桥梁 BIM 的发展现状
任务三:BIM 的软件有哪些
任务四:国内外桥梁 BIM 应用的案例

学习目标
知识目标:掌握 BIM 的定义
　　　　　了解 BIM 的作用
　　　　　掌握 BIM 的软件的种类
能力目标:能够理解 BIM 的作用
　　　　　能够理解桥梁 BIM 应用的目标
素质目标:培养学生的团队协作的精神

1.1　BIM 简介

BIM 技术是指基于先进三维数字设计解决方案所构建的可视化的数字建筑模型(即 building information modeling,简称 BIM)。BIM 技术应用于桥梁、隧道、建筑工程的设计阶段,可以快速建模、模型计算、图纸输出、工程量统计、协同设计、数字信息化施工、施工模拟、创建包含完整工程信息的三维数字模型,实现与施工现场完全一致。

美国、英国、日本、韩国、澳大利亚、新加坡等发达国家已经将 BIM 技术的推动提升到国家层面上，为 BIM 技术的推广应用确立了明确的时间表，并且建立了比较成熟的 BIM 标准及相关制度。2013～2016 年，美国工程建设行业承包商高水平 BIM 技术应用比例从 55% 增长到 79%，澳大利亚从 33% 增长到 71%，英国从 23% 增长到 52%。BIM 技术被国际工程界公认为"建筑业生产力革命性技术"。

BIM 技术在我国也受到广泛重视，一直以来，政府和行业的主管部门针对 BIM 技术的应用和推广，做了积极的推动和引导。随着 BIM 应用范围的不断拓展，其应用于桥梁建设中的成功实例不胜枚举。如中铁二局在承建的林织铁路纳界河特大桥施工中，为了解决项目吊装体量大、拼装要求精等施工技术难题，联合西南交通大学、同济大学的一大批专家进行关键技术攻关，成功将 BIM 技术应用于纳界河特大桥施工，大大提高了施工的数字化、智能化水平，在大幅度提高施工效率的同时保证了工程质量，顺利实现了大桥主拱精确合龙，开创我国桥梁建设史上 BIM 技术应用的先河；中国建造股份有限公司联合清华大学提出了基于 BIM 的桥梁工程设计和施工优化解决方案，包括初步设计优化、施工设计优化、施工工序优化、施工进度优化和施工管理优化等，并结合实际工程项目进行了适用性和成效分析等。

总之，桥梁工程 BIM 应用主要实现如下目标：提升桥梁的设计质量；提升桥梁项目计划控制，如工程量计划、工期计划、材料计划、造价计划的控制水平；保证项目管理的质量与安全；保证项目运行与维护管理的经济与安全。

BIM 软件包括建模软件、方案设计软件、机电分析软件、结构分析软件、深化设计软件、模型综合碰撞检查软件、运维管理软件等。

(1) BIM 的建模软件　有 Autodesk 公司的 Revit 建筑、结构和机电系列，目前应用比较广泛。CAD & BIM 软件公司的 Bentley 建筑、结构和机电系列，Bentley 产品在工厂设计和基础设施（道路、桥梁、市政、水利等）领域有无可争辩的优势。Bentley 产品中的 PowerCivil 可解决一些综合性项目，如多专业、跨专业的项目，包含场地、路线、道路、桥梁、建筑、结构、机电等专业。桥梁上部变化多样，变宽、变高，上下、进出匝道多，桥墩样式较多、造型较为复杂，布置麻烦；场地道路交叉口多，工作量大，PowerCivil 软件也可以完成。Dassault 公司的 CATIA，是全球高端的机械设计制造软件，在航空、航天、汽车等领域具有接近垄断的市场地位，应用到工厂建设行业，其建模能力、表现能力十分强大。

本书选择应用较为广泛的 Autodesk 公司的 Revit 系列软件进行建模。其利用软件内的梁、柱等各种构件来构建 BIM，可以帮助设计师设计、建造和维护质量更好、能效更高的土木工程。Autodesk Revit、Revit MEP 和 Revit Structure 软件的功能，内容涵盖了全部建筑、结构、机电、给排水和暖通专业，是 BIM 领域内为知名、应用范围广泛的软件。

(2) BIM 的模型综合碰撞检查软件　常见的有 Autodesk Navisworks、Bentley Projectwise Navigator 和 Solibri Model Checker。本书采用 Autodesk Navisworks 进行桥梁的施工模拟。

(3) BIM 的进度管理软件　有 Autodesk Navisworks 软件。Navisworks 原为全球软件供应商，从事向设计及施工领域提供三维协调、协作和流程软件，向设计协调、冲突检测到施工仿真多个领域的应用软件开发，致力于帮助施工、厂房和船舶设计领域的客户充分发掘三维数字设计的巨大优势。Autodesk® Navisworks® 产品的项目预览功能支持设计仿真与整

学习单元十一　Navisworks 基础操作

11.1　Navisworks 软件简介 / 121
11.2　工作界面介绍 / 122
11.3　启动和退出 Autodesk Navisworks / 123
11.4　Revit 与 Navisworks 的对接 / 123
11.5　打开及创建文件 / 123
11.6　保存和重命名文件 / 124

学习单元十二　利用 Navisworks 进行桥梁项目渲染

学习单元十三　利用 Navisworks 进行桥梁施工模拟

学习单元十四　利用 Navisworks 进行桥梁进度管理

14.1　预备知识 / 129
14.2　进度表与模型的链接 / 133

附录一　《桥梁 BIM 建模》课程标准

一、基本信息 / 137
二、课程性质 / 137
三、课程目标 / 137
四、课程模块描述与学时分配 / 138
五、课程实施说明 / 138

附录二　《桥梁 BIM 建模》授课计划

参考文献

个项目分析。Naviswoks Manage 能够精确地再现设计意图，制定准确的四维施工进度表，超前实现施工项目的可视化。本书采用 Autodesk Navisworks 进行桥梁的进度管理。

1.2 国内外桥梁 BIM 应用案例

布里格里河谷斜拉桥位于摩洛哥境内拉巴特绕城高速公路上，主桥为叠合梁斜拉桥，采用空间双曲线的混凝土桥塔，在立面上呈梭形。塔柱在顺桥向和横桥向均分离，各肢柱在下塔柱通过混凝土裙板连在一起，塔柱中部设计预应力混凝土横梁，使塔柱与桥面板在该部位固结。项目建设初期建立了全桥地貌的三维模型，设计院采用 Inventor 绘制了精确的结构图，导入 AutoCAD 中进行二维钢筋图绘制，并开发了生成三维钢筋笼的插件，用于检查钢筋碰撞问题，提高了施工的效率。设计方建立了钢锚箱的三维 BIM 模型，利用 BIM 模型直接出图，大大提高了工作效率。

卡塔尔多哈大桥建立了桥梁 BIM 精细化模型，通过数字化仿真模拟计算，进行了基于 BIM 技术的安装施工、穿筋施工、落位施工及预应力张拉施工仿真模拟。BIM 技术的应用大大提高了桥梁结构的施工效率，节约了时间和成本，实现了桥梁工程中的信息化管理。

我国的中心滩黄河大桥位于兰州市城关区，大桥采用中承式钢箱系杆拱结构。在施工准备阶段，根据 BIM 模型创建产品信息库，方便了建筑材料的质量管理，通过将三维激光扫描和 BIM 的结合，实现了大桥拱肋线形控制。在桥梁重点部位、隐蔽部位、结构主要节点进行动态演示、虚拟施工，减少质量隐患。在桥梁的钢梁施工过程中，检测方将检测数据实时录入 BIM 模型数据库中，项目各参与方可以随时查询检测数据，实现共享检测的目的。

我国的沪通长江大桥，主跨 1092m。该桥研发了 BIM 管理系统。管理系统主要面向设计、施工和制造单位，结合 GIS 实现了精细化 BIM 建模、可视化交底、图纸管理、施工计划编制、三维施工日志、进度分析、工程量统计、施工监控、钢桥制造信息化等功能，并应用在项目管理中，在大跨度桥梁全生命周期的 BIM 研究与应用上进行了有益探索。

习题：

1. 什么是 BIM？
2. BIM 的软件有哪些？
3. 桥梁工程 BIM 的应用主要实现哪几个目标？

学习单元二
Autodesk Revit 基础操作

项目二　Autodesk Revit 基础操作

项目引入　用 Revit 进行桥梁模型的构建,需要先了解 Revit 软件,了解 Autodesk Revit 2016 软件的操作界面,掌握项目文件的创建方法,常用图元的绘制方法,参照平面的创建方法。

学习内容
任务一:Revit 项目文件的创建、保存
任务二:常用图元的绘制、编辑
任务三:参照平面的创建
任务四:尺寸标注的方法
任务五:Revit 族的创建与保存

学习目标
知识目标:了解 Revit 图元绘制的方法
　　　　　掌握参照平面的定义
　　　　　掌握族的定义
能力目标:能够熟练运用 Revit 软件
　　　　　能够熟练进行 Revit 图元修改
素质目标:培养学生的团队协作的精神

2.1 工作界面介绍

首先来学习 2016 版 Revit 的操作界面。双击桌面的 Revit 2016 软件快捷启动图标 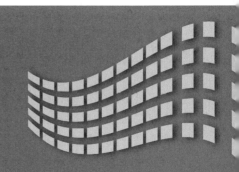,打开如图 2-1 所示的软件操作界面。单击【项目】选项组中的【新建】按钮,然后选择一样

板文件，并单击【确定】按钮，即可进入 Revit 2016 工作界面，如图 2-2 所示。

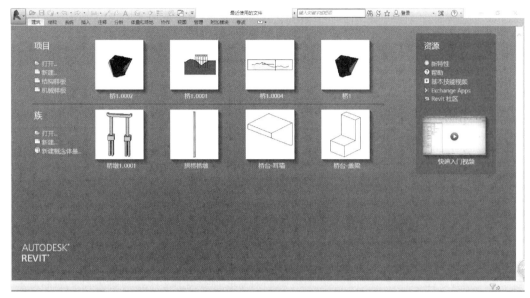

图 2-1 Revit 软件操作界面

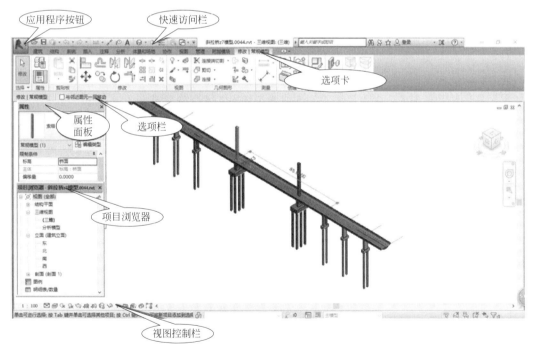

图 2-2 Revit 软件工作界面

Revit 2016 工作界面主要包含应用程序菜单、快速访问工具栏、功能区、绘图区和项目浏览器等，各部分选项的含义介绍如下。

2.1.1 应用程序菜单

单击主界面左上角图标，系统将展开应用程序菜单。该菜单中提供了"新建""打开"

"保存""另存为"等常用文件操作命令。在该菜单的右侧用户可以快速打开近期使用的文件。

2.1.2 选项设置

此外，若单击该菜单中的【选项】按钮，系统将打开【选项】对话框，用户可以进行相应的参数设置。

2.1.3 快速访问工具栏

在主界面左上角右侧，系统列出了一排相应的工具图标，即快速访问工具栏，用户可以直接、方便、快捷地单击相应的按钮进行命令操作。

2.1.4 功能区

功能区位于快速访问工具栏下方，打开文件后，功能区会显示，是项目所有工具的集合。

2.1.5 选项栏

功能区下方即为选项栏，当用户选择不同的工具命令，或者选择不同的图元时，选项栏中将显示与该命令或图元相关的选项，可以进行相应参数的设置和编辑。

2.1.6 项目浏览器

选项栏下方位于软件界面左侧上方的即为项目浏览器。项目浏览器用于显示当前项目中所有视图、明细表、图纸、族、组、链接的Revit模型和其他部分的目录树结构。展开和折叠各分支时，系统将显示下一层目录。

2.1.7 属性选项板

项目浏览器下方的浮动面板即为属性选项板。当选择某图元时，属性选项板会显示该图元的图元类型和属性参数等。该选项板主要由以下三部分组成。

（1）类型选择器　选项板上面一行的预览框和类型名称即为图元类型选择器。用户可以单击右侧的下拉箭头，从列表中选择已有的合适的构件类型直接替换现有类型，而不需要反复修改图元参数。

（2）实例属性参数　选项板下面的各种参数列表框显示了当前选择图元的各种限制条件类、图形类、尺寸标注类、标识数据类、阶段类等实例参数及其值。用户可以方便地通过修改参数值来改变当前选择图元的外观尺寸等。

（3）编辑类型　单击该按钮，系统将打开【类型属性】对话框。用户可以复制、重命名对象类型，并可以通过编辑其中的类型参数值来改变与当前选择图元同类型的所有图元的外观尺寸等。

2.1.8 视图控制栏

绘图区左下角即为视图控制栏，如图2-2所示。用户可以快速设置当前视图的"比例""详细程度""视觉样式""打开/关闭阴影""打开/关闭剪裁区域""显示/隐藏剪裁区域"

"临时隐藏/隔离"和"显示隐藏的图元"等选项。

2.2 新建 Revit 项目文件

在 Revit 工程设计中,新建一个文件是指新建一个"项目"文件,有别于传统 AutoCAD 中的新建一个平面图或立剖面图等文件的概念。创建新的项目文件是开始项目设计的第一步。

2.2.1 样板文件

当在 Revit 中新建项目时,系统会自动以一个后缀名为".rte"的文件作为项目的初始文件,这个".rte"格式的文件即称为样板文件。

但是在使用上述软件本身自带的默认样板文件 DefaultCHSCHS.rte 为模板新建项目文件时,此模板的标高等符号不完全符合中国国家标准出图规范要求,因此需要首先设置自己的样板文件,然后再开始项目设计。

2.2.2 新建项目

在 Revit 2016 中,可以通过三种方式新建项目文件。

(1)"最近使用的文件"主界面 打开 Revit 软件后,在主界面的【项目】选项组中单击【新建】按钮,系统将打开【新建项目】对话框。此时,在【新建】选项组中选择【项目】单选按钮,然后单击【浏览】按钮,选择本书光盘中附带的"项目样板.rte"文件作为样板文件,接着单击【确定】按钮,即可新建相应的项目文件。

(2)快速访问工具栏 单击该工具栏中的【新建】按钮,然后即可在打开的【新建项目】对话框中按照上述操作方法新建相应的项目文件。

(3)应用程序菜单 单击主界面左上角图标,在展开的下拉菜单中选择【新建】→【项目】选项,然后即可在打开的【新建项目】对话框中按照上述操作方法新建相应的项目文件。

2.2.3 项目单位

项目单位的设置为:切换至【管理】选项卡,在【设置】面板中单击【项目单位】按钮,系统将打开【项目单位】对话框,单击各单位参数后的格式按钮,即可在打开的【格式】对话框中进行相应的单位设置。

2.3 保存项目文件

在完成图形的创建和编辑后,用户可以将当前图形保存到指定的文件夹。此外,在使用 Revit 软件绘图的过程中,应每隔 10min 左右保存一次所绘的图形。定期保存绘制的图形是为了防止一些突发情况,如电源被切断、错误编辑和一些其他故障,尽可能做到防患于未然。

完成项目文件内容的创建后,用户可以在快速工具栏中单击【保存】按钮,系统将打开【另存为】对话框。此时即可输入项目文件的名称，并指定相应的路径来保存该文件。

2.4 视图控制

在 Revit 中，视图不同于传统意义上的 CAD 图纸，它是所建项目中的 BIM 模型根据不同的规则显示的模型投影。视图控制是 Revit 中最重要的基础操作之一。

2.4.1 使用项目浏览器进行视图控制

Revit 2016 将所有可访问的视图和图纸等都放置在项目浏览器中进行管理，使用项目浏览器可以方便地在各视图间进行切换操作。

项目浏览器用于组织和管理当前项目中包括的所有信息，包括项目中所有视图、明细表、图纸、族、组和链接的 Revit 模型等项目资源。Revit 2016 按逻辑层次关系组织这些项目资源，展开和折叠各分支时，系统将显示下一层级的内容。

在 Revit 2016 中进行项目设计时，最常用的操作就是利用项目浏览器在各视图中进行切换，用户可以通过双击项目浏览器中相应的视图名称来实现该操作。双击指定的楼层平面视图名称，切换至该视图的效果。

此外，在利用项目浏览器切换视图的过程中，Revit 都将在新视图窗口中打开相应的视图。如切换的视图次数过多，系统会因视图窗口过多而消耗较多的计算机内存资源。此时，可以根据实际情况及时关闭不需要的视图，或者利用系统提供的【关闭隐藏窗口】工具一次性关闭除当前窗口外的其他非活动视图窗口。

2.4.2 视图导航控制视图

Revit 提供了多种视图导航工具，可以对视图进行平移和缩放等操作。其中，用于视图控制的导航栏一般位于绘图区右侧，是一种常用的工具集。视图导航栏在默认情况下为 50% 透明显示，不会遮挡视图，包括控制盘和缩放控制。

其中，单击该导航栏右下角的下拉三角箭头，用户可以在自定义菜单中设置导航栏上显示的模块内容、该导航栏在绘图区中的位置和不透明参数等。控制盘（steering wheels）是一组跟随光标的功能按钮，它将多个常用的导航工具结合到一个单一界面中，便于快速导航视图。在 Revit 中，按适用视图和使用用途，控制盘可以分为查看对象控制盘、巡视建筑控制盘、全导航控制盘和二维控制盘四种类型。其中，前三种均适用于三维视图。

单击导航栏中的【全导航控制盘】按钮，系统将打开【控制盘】面板。

2.4.3 缩放控制

位于导航栏下方的缩放控制工具集包含多种缩放视图方式，用户可以单击缩放工具下的下拉三角箭头，在展开的菜单中选择相应的工具缩放视图。

2.4.4 使用 ViewCube

ViewCube 导航工具用于在三维视图中快速定向模型的方向。默认情况下，该工具位于三维视图窗口的右上角。

ViewCube 立方体中各顶点、边、面和指南针的指示方向，代表三维视图中不同的视点方向。单击立方体或指南针的各部位，即可在各方向视图中进行切换显示；而若按住ViewCube 或指南针上的任意位置并拖动鼠标，还可旋转视图。

2.5 图元操作

在 Revit 中，图元操作是项目设计过程最常用的操作之一，也是进行构件编辑和修改操作的基础。

2.5.1 图元的选择

图元的选择是项目设计中最基本的操作命令，和其他的 CAD 设计软件一样，Revit 2016 软件也提供了单击选择、窗选等方式。在图元上直接单击进行选择是最常用的图元选择方式。在视图中移动光标到某一构件上，当图元高亮显示时单击，即可选择该图元。此外，当按住 Ctrl 键，鼠标箭头右上角出现"＋"符号时，连续单击选取相应的图元，即可依次选择多个图元。

2.5.2 绘制平面

在 Revit 中绘制模型线时，首先需要指定相应的工作平面作为绘制平面。一般情况下，系统默认的工作平面是楼层平面。如果用户想在三维视图中立面或者直接在立面、剖面视图上绘制模型线，需要在绘制开始前进行设置。

打开一平面视图，然后在【建筑】选项卡的【模型】选项板中单击【模型线】按钮，系统将激活并展开【修改—放置线】选项卡，进入绘制模式。此时，在选项栏的【放置平面】列表框中选择【拾取】选项，系统将打开【工作平面】对话框。在该对话框中，用户可以通过三种方式设置新的工作平面，现分别介绍如下。

(1) 名称　选择【名称】单选按钮，可以在右面的列表框中选择可用的工作平面，其中包括标高名称、轴网和已命名的参照平面。选择相应的工作平面后，单击【确定】按钮，即可切换到该标高、轴网、参照平面所在的楼层平面、立剖面视图或三维视图

(2) 拾取一个平面　选择该单选按钮后，可以手动选择墙等各种模型构件表面、标高、轴网和参照平面作为工作平面。其中，当在平面视图中选择相应的模型表面后，系统将打开【转到视图】对话框，此时指定相应的视图作为工作平面即可。

(3) 拾取线并使用绘制该线的工作平面　选择该单选按钮后，在平面视图中手动选择已有的线，即可将创建该线的工作平面作为新的工作平面。

2.5.3 模型线

在 Revit 中，线分为模型线和详图线两种。其中，模型线是基于工作平面的图元，存在于三维空间且在所有视图中都可见；而详图线是专用于绘制二维详图的，只能在绘制当前的视图中显示。但是两种线的绘制和编辑方法完全一样，现以模型线为例介绍其具体绘制方法。

在 Revit 中打开一平面视图，然后在【建筑】选项卡的【模型】选项板中单击【模型线】按钮，系统将激活并展开【修改—放置线】选项卡，进入绘制模式。

此时，在【线样式】下拉列表框中选择所需的线样式，然后在【绘制】选项板中单击选

择相应的工具，即可在视图中绘制模型线，且完成线图元的绘制后，按 Esc 键即可退出绘制状态。各绘制工具的使用方法如下所述。

2.5.4 直线

【直线】工具是系统默认的线绘制工具。在【绘制】选项板中单击【直线】按钮，系统将在功能区选项卡下方打开相应的选项栏。

此时，若禁用【链】复选框，然后在平面图中单击捕捉两点，即可绘制一单段线；若启用【链】复选框，则在平面图中依次单击捕捉相应的点，即可绘制一连续线。

此外，若在选项栏的【偏移量】文本框中设置相应的参数，则实际绘制的直线将相对捕捉点的连线偏移指定的距离，该功能在绘制平行线时作用明显；而若启用选项栏中的【半径】复选框，并设置相应的参数，则在绘制连续直线时，系统将在转角处自动创建指定尺寸的圆角特征。

2.5.5 矩形

在【绘制】选项板中单击【矩形】按钮，系统将在功能区选项卡下方打开相应的选项栏。此时，在平面图中单击捕捉矩形的第一个角点，然后拖动鼠标至相应的位置再次单击捕捉矩形的第二个角点，即可绘制出矩形轮廓。而且用户可以通过双击矩形框旁边显示的蓝色临时尺寸框来修改该矩形的定位尺寸。

此外，若在选项栏的【偏移量】文本框中设置指定的参数，则可以绘制相应的同心矩形；而若启用选项栏中的【半径】复选框，并设置相应的参数，则可以绘制自动添加圆角特征的矩形。

2.5.6 复制

在 Revit 中，用户可以利用相关的复制类工具，以现有图元对象为源对象，绘制出与源对象相同或相似的图元，从而简化绘制具有重复性或近似性特点图元的绘图步骤，以达到提高绘图效率和绘图精度的目的。

复制工具是 Revit 绘图中的常用工具，其主要用于绘制具有两个或两个以上的重复性图元，且各重复图元的相对位置不存在一定的规律性。复制操作可以省去重复绘制相同图元的步骤，大大提高了绘图效率。

单击选择某图元后，在激活展开的相应选项卡中单击【复制】按钮，然后在平面视图上单击捕捉一点作为参考点，并移动光标至目标点，或者输入指定距离参数，即可完成该图元的复制操作。

此外，如在打开的【复制】选项栏中启用【约束】复选框，则光标只能在水平或垂直方向移动；如启用【多个】复选框，则可以连续复制多个。

思考：如何进行某标高的复制？

① 选择某一层标高，选择【修改—标高】选项卡，在【修改】面板中选择【复制】或【阵列】命令，可以快速生成所需要标高。

② 选择标高2，单击功能区中的【复制】按钮，在选项栏勾选【约束】或者【多个】复选框。在标高2上单击，并向上移动，此时可直接用键盘输入新标高与被复制标高的间距数值，然后键入回车键完成一个标高的复制。

2.5.7 偏移

利用该工具可以创建出与源对象成一定距离，且形状相同或相似的新图元对象。对于直线来说，可以绘制出与其平行的多个相同副本对象；对于圆、椭圆、矩形以及由多段线围成的图元来说，可以绘制出成一定偏移距离的同心圆或近似图形。

在 Revit 中，用户可以通过以下两种方式偏移相应的图元对象，各方式的具体操作如下所述。

（1）数值方式　该方式是指先设置偏移距离，然后再选取要偏移的图元对象。在【修改】选项卡中单击【偏移】按钮，然后在打开的选项栏中选择【数值方式】单选按钮，设置偏移的距离参数，并启用【复制】选框。此时，移动光标到要偏移的图元对象两侧，系统将在要偏移的方向上显示一条偏移的虚线。确认相应的方向后单击，即可完成偏移操作。

（2）图形方式　该方式是指先选择偏移的图元和起点，然后再捕捉终点或输入偏移距离进行偏移。在【修改】选项卡中单击【偏移】按钮，然后在打开的选项栏中选择【图形方式】单选按钮，并启用【复制】复选框。此时，在平面视图中选择要偏移的图元对象，并指定一点作为偏移起点。接着移动光标捕捉目标点，或者直接输入距离参数即可。

2.5.8 镜像

该工具常用于绘制结构规则，且具有对称性特点的图元。绘制这类对称图元时，只需绘制对象的一半或几分之一，然后将图元对象的其他部分对称复制即可。在 Revit 中，以通过以下两种方式镜像生成相应的图元对象，各方式的具体操作如下所述。

（1）镜像—拾取轴　单击选择要镜像的某图元后，在激活展开的相应选项卡中单击【镜像—拾取轴】，然后在平面视图中选取相应的轴线作为镜像轴即可。

（2）镜像—绘制轴　单击选择要镜像的某图元后，在激活展开的相应选项卡中单击【镜像—绘制轴】，然后在平面视图中的相应位置依次单击捕捉两点绘制一轴线，作为镜像轴即可。

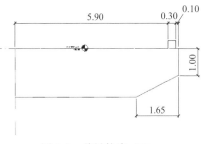

思考：如何进行如下案例盖梁的镜像？

如图 2-3 所示，画出盖梁的外轮廓线。

在【修改创建拉伸】→【修改】面板下，点取【镜像—绘制轴】命令，绘制完成后，点取对勾。运用镜像命令 。如图 2-4 所示。

图 2-3　盖梁轮廓（1）

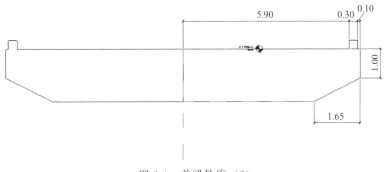

图 2-4　盖梁轮廓（2）

2.5.9 阵列

利用该工具可以按照线性或径向的方式，以定义的距离或角度复制出源对象的多个对象副本。在 Revit 中，利用该工具可以大量减少重复性图元的绘图步骤，提高绘图效率和准确性。

单击选择要阵列的图元后，在激活展开的相应选项卡中单击【阵列】按钮，系统将展开【阵列】选项栏。此时，用户即可通过以下两种方式进行相应的阵列操作。

（1）线性阵列　线性阵列是以控制项目数以及项目图元之间的距离，或添加倾斜角度的方式，使选取的阵列对象成线性的方式进行阵列复制，从而创建出源对象的多个副本对象。

在展开的【阵列】选项栏中单击【线性】按钮，启用【成组并关联】和【约束】复选框，然后设置相应的项目数，并在【移动到】选项组中选择【第二个】单选按钮。此时，在平面视图中依次单击捕捉阵列的起点和终点，或者在指定阵列起点后直接输入阵列参数，即可完成线性阵列操作。

其中，若启用【成组并关联】复选框，则在完成线性阵列操作后，单击选择任一阵列图元，系统都将在图元外围显示相应的虚线框和项目参数，用户可以实时更新阵列数量。若禁用该复选框，则选择阵列后的图元，系统将不显示项目参数。

此外，在【移动到】选项组中选择【第二个】单选按钮，则指定的阵列距离是指源图元到第二个图元之间的距离；若选择【最后一个】单选按钮，则指定的阵列距离是指源图元到最后一个图元之间的总距离。

（2）径向阵列　径向阵列能够以任一点为阵列中心点，将阵列源对象按圆周或扇形的方向，以指定的阵列填充角度，项目数目或项目之间夹角为阵列值进行源图形的阵列复制。该阵列方法经常用于绘制具有圆周均布特征的图元。

2.5.10 修剪图元(修剪/延伸和拆分)

在完成图元对象的基本绘制后，往往需要对相关对象进行编辑修改的操作，使之达到预期的设计要求。用户可以通过修剪、延伸和拆分等常规操作来完成图元对象的编辑工作。

修剪/延伸工具的共同点都是以视图中现有的图元对象为参照，以两图元对象间的交点为切割点或延伸终点，对与其相交或成一定角度的对象进行去除或延长操作。在 Revit 中，用户可以通过以下三种工具修剪或延伸相应的图元对象，各工具的具体操作如下所述。

（1）修剪/延伸为角部　在【修改】选项卡中单击【修剪/延伸为角部】按钮，然后在平面视图中依次单击选择要延伸的图元即可。此外，在利用该工具修剪图元时，用户可以通过系统提供的预览效果确定修剪方向。

（2）修剪/延伸单个图元　利用该工具可以通过选择相应的边界修剪或延伸单个图元。在【修改】选项卡中单击【修剪/延伸单个图元】按钮，然后在平面视图中依次单击选择修剪边界和要修剪的图元即可。

（3）修剪/延伸多个图元　利用该工具可以通过选择相应的边界修剪或延伸多个图元。在【修改】选项卡中单击【修剪/延伸多个图元】按钮，然后在平面视图中选择相应的边界图元，并依次单击选择要修剪和延伸的图元即可。

习题:

1. 简述修剪的步骤。
2. 简述复制的步骤。
3. 简述阵列的步骤。

学习单元三

创建箱梁桥项目

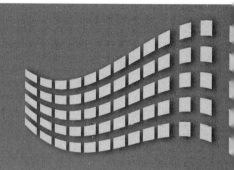

项目三 创建箱梁桥

项目引入 桥梁结构中,箱梁桥由于跨越能力大,是常采用的桥梁结构形式,本项目将创建箱梁桥的项目文件。为了将箱梁桥的各个组成部分组合到一起,先建立项目文件创建好标高及轴网,方便组合模型。

学习内容 任务一:新建项目文件
任务二:创建标高及轴网

学习目标 知识目标:掌握箱梁桥的创建方法
能力目标:能够独立完成箱梁桥设计阶段的建模
素质目标:培养和提高学生的团队协作精神

3.1 项目驱动:箱梁桥项目简介

图 3-1 箱梁桥模型

湖南境内某 9×30m 简支变连续的预应力箱梁桥,桥宽 9.5m。本桥上部构造为箱梁,下部构造为双柱式墩配桩基础。主梁采用单箱双室截面,梁高 1.4m,腹板厚 80cm。为方便施工,箱梁设计时,不在箱室内设齿板,腹板预应力束均于梁端进行张拉。翼缘板悬臂长为 35cm,顶板厚 20cm,底板厚 20cm,桥面标高 50m。其中某跨建出的箱梁桥模型如图 3-1 所示。

3.2 预备知识

3.2.1 标高与轴网

标高用来定义楼层层高及生成平面视图，但标高并不一定必须作为楼层层高，轴网主要用于构件定位。Revit 软件可以绘制弧形和直线轴网，不支持折线轴网。轴网的设计既可以直接依据设计人员提供的图纸进行手动绘制，也可以将设计图纸导入新建的建筑模板项目中，然后拾取 CAD 图纸中的轴网线条。本节主要讲述直接绘制轴网的一般方法与步骤。

3.2.2 复制、阵列标高

① 选择某一层标高，选择【修改—标高】选项卡，在【修改】面板中选择【复制】或【阵列】命令，可以快速生成所需要标高。

② 选择标高 2，单击功能区中的【复制】按钮，在选项栏勾选【约束】或者【多个】复选框。在标高 2 上单击并向上移动，此时可直接用键盘输入新标高与被复制标高的间距数值，然后键入回车键完成一个标高的复制。以此方法，完成其他标高的复制。然而，标高复制并不能像绘制标高一样在项目浏览器中自动添加楼层平面。

③ 为了在项目浏览器中添加楼层平面，可以在【视图】设计栏中选择【平面视图】中的【楼层平面】和【天花板平面】，然后加载所复制的一个或多个标高。加载完成后，在项目浏览器中会出现该楼层的平面视图。

【说明】如用【阵列】的方式创建标高，可以一次绘制多个间距相等的标高，这种方法适用于多层或者高层建筑。选择一个现有标高，将鼠标移至【功能区】，选择【阵列】工具，设置选项栏，取消【成组并关联】复选框，输入【项目数】为 3，即完成阵列标高。通过阵列完成的标高在项目浏览器的楼层平面和天花板平面中同样不能出现，需要在【视图】设计栏中重新进行加载，具体的操作可以参考复制标高中的加载步骤。

3.3 新建项目文件

步骤 1：新建一个【项目】，选择样板。

样板分为 7 种，Construction-DefaultCHSCHS 为构造样板；DefaultCHSCHS 为建筑样板；Electrical-DefaultCHSCHS 为电气样板；Mechanical-DefaultCHSCHS 为机械样板；Plumbing-DefaultCHSCHS 为管道样板；Structural Analysis-DefaultCHNCHS 为结构样板；Systems-DefaultCHSCHS 为系统样板。本案例选择【结构样板】。新建项目对话框如图 3-2、图 3-3 所示。

步骤 2：设定【项目单位】。

【管理】→【项目单位】，【长度单位】改为 m，保留 2 位小数。单位符号：m。【面积单位】：平方米，保留 2 位

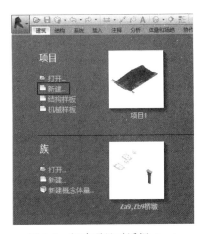

图 3-2 新建项目对话框（一）

小数，如图 3-4 所示。

图 3-3　新建项目对话框（二）

图 3-4　设定项目单位

3.4　标高轴网及平面视图的创建

进入任意的立面视图，通常样板中都会有预设标高，如需要可以修改现有标高高度，单击标高符号上方或者下方表示高度的数值，如"标高 2"高度数位为"3.00"，单击后该数字变为可输入，可将原有数值修改。

步骤 1：修改标高 2 的标高和名称

在项目浏览器中，双击【视图】→【立面】→【南】，选中标高 2，如图 3-5 所示。

单击"标高 2"，将标高 2 重命名为桥面标高，如图 3-6 所示。单击"3.000"，将高程值输入为"50"。（标高值根据项目已知条件输入）

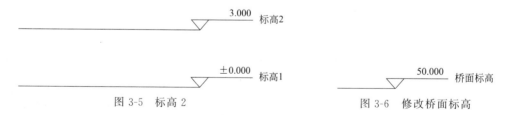

图 3-5　标高 2　　　　　　　　　图 3-6　修改桥面标高

步骤 2：设置项目基点

单击【视图】选项卡→【图形】面板→【可见性/图形】命令选项，打开场地的"可见性"对话框，如图 3-7 所示，勾选"模型类别"→"场地"中的"测量点"和"项目基点"选项，如图 3-8 所示，在场地视图中显示项目基点。在项目浏览器中，双击【视图】→【结构平面】→【场地】，点击项目基点，会出现坐标值，点击坐标值，修改为（200，200，0），见图 3-9 和图 3-10。

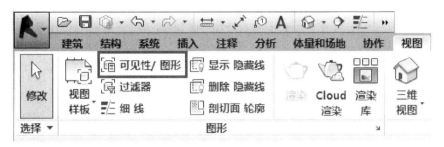

图 3-7 "可见性/图形"命令选项

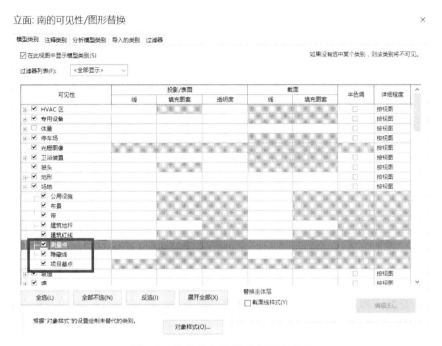

图 3-8 选择显示测量点与项目基点

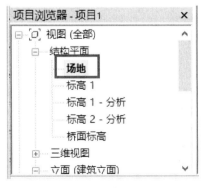

图 3-9 选择场地视图

图 3-10 设置项目基点坐标

步骤3： 绘制轴网，定桥墩位置

（1）在项目浏览器中，结构平面中，双击场地视图，进入到场地平面视图中。

(2) 绘制桥梁中心线—A 轴线

单击【建筑】选项卡→【基准】面板→【轴网】命令，选择"绘制"面板中"直线"命令，移动光标至项目基点位置，点击鼠标左键，确定 A 轴线起点位置。然后从左往右移动光标一段距离后，再次点击鼠标左键捕捉轴线终点位置。双击小圆圈中的"1"，输入轴网名为 A。如图 3-11～图 3-13 所示。

图 3-11 轴网图标

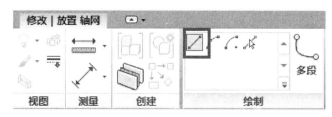

图 3-12 修改轴网中的"画直线"命令

图 3-13 绘制水平方向轴线 A

(3) 绘制垂直中轴线—0 轴线

单击【建筑】选项卡→【基准】面板→【轴网】命令，选择"绘制"面板中"直线"命令，移动光标至项目基点位置，点击鼠标左键，确定 0 轴线起点位置。然后从下往上移动光标一段距离后，再次点击鼠标左键捕捉轴线终点位置。将 0 轴网在项目基点处的端点向下竖直拉伸，如图 3-14 所示。

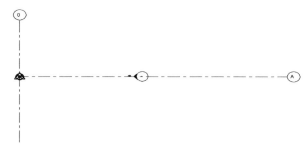

图 3-14 绘制垂直方向轴线 0

(4) 通过"复制""阵列"方式绘制 1～9 轴线

选中 0 轴网，单击【修改】面板→【复制】命令，如图 3-15 所示，绘制桥梁水平方向轴线 1～9 轴线，相邻两根轴网之间的间距为 30m。这些轴网用来控制桥墩的位置。

也可以选择【阵列】命令，选中 0 轴网，单击【修改】面板→【阵列】命令，如图 3-16 所示，设定阵列相关参数，选择项目数 10 个，移动到选择"第二个"，表明相邻对象之间以

图 3-15 复制命令

给定的距离的方式生成。

图 3-16 阵列命令

在绘图窗口输入阵列相邻距离的起点，在项目基点处点击鼠标左键，距离里面输入"30"，在屏幕处点击鼠标左键，可生成 1～9 号轴线。若 A 轴网较短，可点击 A 轴网处的小圆点，可以将轴网拉长，如图 3-17 所示。

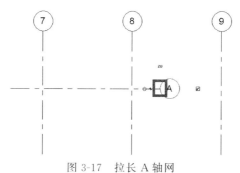

图 3-17 拉长 A 轴网

步骤4： 相邻轴网设置【标注】，确定间距。点击【EQ】，均分距离，如图 3-18、图 3-19。

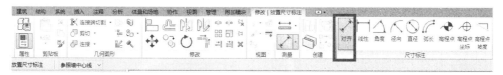

图 3-18 对齐图标

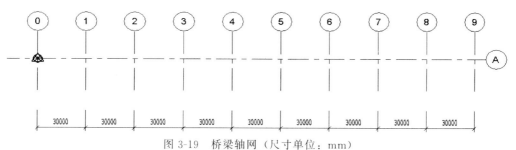

图 3-19 桥梁轴网（尺寸单位：mm）

步骤5： 将项目文件保存为"箱梁.rvt"。

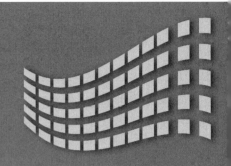

学习单元四

创建箱形截面主梁

项目四 创建箱形截面主梁

项目引入 在创建箱梁桥项目文件后,将箱梁桥进行分解,将箱梁桥的每一个组成部分作为一个族(部件)建立好,最后将这些族组拼起来,导入到箱梁桥项目中,拼装成一个整体。
本项目主要是完成箱梁桥中主梁部分的族。

学习内容 任务一:新建箱形截面主梁族
任务二:完成箱梁桥项目

学习目标 知识目标:掌握箱梁桥的创建方法
能力目标:能够独立完成箱梁桥设计阶段的建模
素质目标:培养和提高学生的团队协作精神

4.1 预备知识

放样步骤如下:

(1)放样是融合了不同工作平面上的两个轮廓的形状。注意生成放样几何图形时,轮廓可以是开放的,也可以是闭合的。

(2)创建实心放样。

(3)在某个工作平面上绘制一个闭合轮廓。

(4)单击某个参照平面或标高,以选择另一个工作平面。

(5)绘制新的闭合轮廓。

(6) 单击某个参照平面或标高，以选择另一个工作平面。

(7) 在第三个参照平面上绘制一个闭合轮廓。

(8) 选择所有这 3 个轮廓。

(9) 单击—创建形状。

4.2　任务一：等截面单箱单室箱梁

本桥上部结构箱梁采用单箱单室截面，箱梁梁高 2.2m，梁顶宽 13.25m，梁底宽 7.05m，跨中腹板厚 0.6m，顶板中部厚 0.45m，底板厚 0.45m，顶板翼缘厚 0.2m。图 4-1 中的单位为 cm。

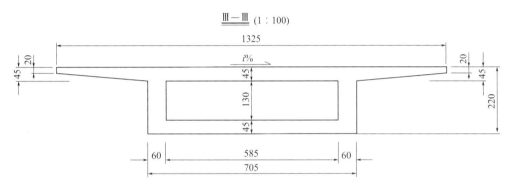

图 4-1　箱型梁桥横截面图（尺寸单位：cm）

步骤 1：　新建箱梁族。

(1) 新建箱梁轮廓族。【新建】→【族】→公制轮廓.rft，在项目浏览器中选择左立面视图。

(2) 【管理】→【项目单位】，【长度单位】改为 m，保留 2 位小数。单位符号：m。

(3) 【面积单位】：平方米，保留 2 位小数。

① 在左上角快捷菜单中点击保存，保存为文件名为"箱梁族.rfa"。

② 在 Revit 族库中不包含箱梁构件，所以需要自己新建箱梁族。

步骤 2：　箱梁轮廓绘制。

根据箱梁设计图纸中的尺寸，用画线命令，绘制箱梁主梁的闭合轮廓线，如图 4-2～图 4-4 所示。

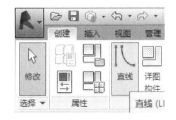

图 4-2　用画线命令绘制箱梁轮廓

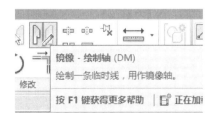

图 4-3　用镜像命令绘制箱梁轮廓

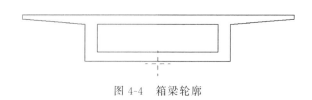

图 4-4 箱梁轮廓

步骤 3：箱梁标注。

（1）点击【创建】选项卡→【基准】面板→【参照平面】命令，在箱梁如图 4-5 的位置画参照平面，参照平面共 12 个。

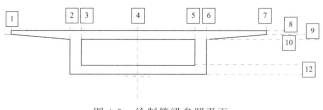

图 4-5 绘制箱梁参照平面

（2）点击【创建】选项卡→【尺寸标注】面板→【对齐】命令，开始进行注释。

（3）点取尺寸线，对尺寸添加标签。点取标签下的【添加参数】按钮，设置参数名称、参数类型，如图 4-6～图 4-9 所示。

图 4-6 箱梁尺寸标注添加参数

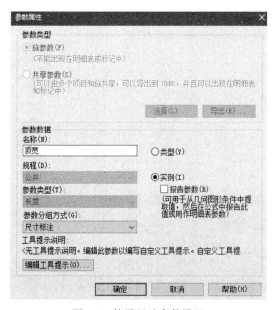

图 4-7 箱梁尺寸参数设置

图 4-8 箱梁参数属性

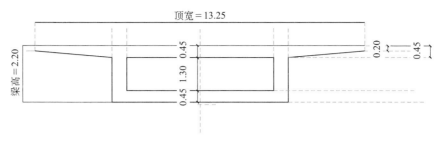

图 4-9　箱梁尺寸标注

步骤 4：　箱梁族载入到项目

（1）点击【修改】选项卡→【载入到项目并关闭】，将箱梁轮廓族载入项目文件中。必须将上一章保存的"箱梁.rvt"项目文件打开，便于载入项目。

（2）选择建筑选项卡→【内建模型】来生成主梁，如图 4-10 所示。

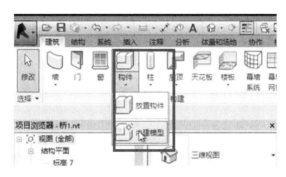

图 4-10　运用内建模型创建箱梁

点击内建模型后，弹出如图 4-11 的对话框中，选择常规模型，点击确定。弹出如图 4-12 的对话框中，在名称中输入"箱梁"，给常规模型命名。

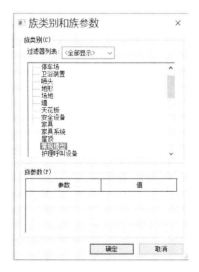

图 4-11　在弹出的对话框中选择常规模型　　　　图 4-12　输入名称箱梁

选择【常规模型】→【放样】→【绘制路径】，在项目浏览器中选择结构平面里面的"场地"，在"修改/放样＞绘制路径"选项卡中选择"直线"命令，选择 0 号轴网与 A 轴网的交点，点击鼠标左键，作为路径的起点。选择 1 号轴网与 A 轴网的交点，点击鼠标左键，作为路径的终点，绘制完成后，点击"模式"的"√"确认绘制完成。在选择轮廓的下拉菜单中选择载入的"箱梁族"，点击"模式"的"√"确认绘制完成。点击"完成模型"确认绘制完成。相关操作流程如图 4-13～图 4-17 所示。

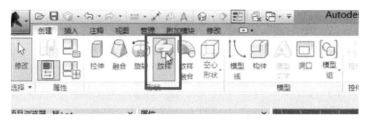

图 4-13　内建模型中选择放样命令

图 4-14　绘制路径命令

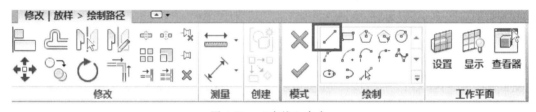

图 4-15　"直线"命令

图 4-16　绘制路径　　　　　　　图 4-17　选择轮廓

(3) 将箱梁在三维视图中显示,如图 4-18、图 4-19 所示。

图 4-18 选择视图

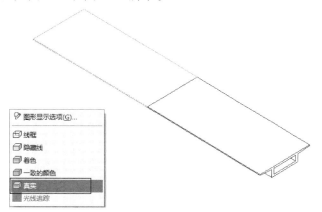

图 4-19 设置箱梁显示效果

(4) 设置箱梁材质,效果如图 4-20~图 4-22 所示。

图 4-20 设置箱梁材质

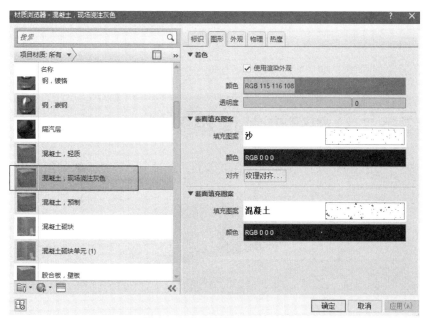

图 4-21 选择箱梁材质(一)

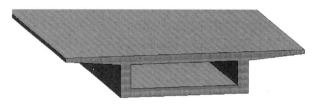

图 4-22 选择箱梁材质（二）

步骤5：箱梁参数化设计。

将箱梁族载入到项目中，查看参数如图 4-23 所示。编辑箱梁属性可以修改箱梁参数。

图 4-23 箱梁参数设置

4.3 任务二：创建变截面箱梁截面

任务简介：利用 Revit 软件绘制变截面箱梁的三维模型，预期效果如图 4-24 所示。

图 4-24 变截面箱梁模型

变截面箱梁图纸如图 4-25、图 4-26 所示。

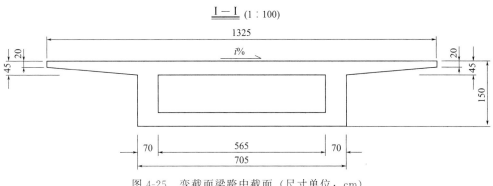

图 4-25 变截面梁跨中截面（尺寸单位：cm）

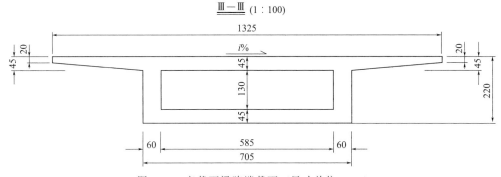

图 4-26 变截面梁跨端截面（尺寸单位：cm）

本桥上部结构箱梁采用单箱单室截面，箱梁支点截面梁高 2.2m，跨中截面梁高 1.5m，底板厚度为 0.45m，梁宽 13.25m，梁长度为 10m。

步骤 1： 新建"公制结构框架-梁和支撑"族

（1）新建族，选择"公制结构框架-梁和支撑"，如图 4-27 所示。修改项目文件的单位，将单位设置为 m，保留 3 位小数。保存为"第一类变截面箱梁.rfa"族文件。

图 4-27 选择族模板

（2）将族中原有的梁删除，工作平面删除一部分，只剩下两端的工作平面，如图 4-28 所示，将长度数值改为"10"。

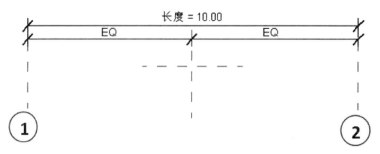

图 4-28 梁长度设置为 10m（尺寸单位：m）

步骤 2： 新建轮廓族文件

分别创建四个轮廓族文件，端部外轮廓，端部内轮廓，跨中外轮廓，跨中内轮廓。

（1）新建族，并选择"公制轮廓族"相关操作见图 4-29、图 4-30。保存为"端部外轮廓"族文件。修改族文件的单位，将单位设置为 m，保留 3 位小数。

（2）单击【创建】选项卡→【详图】面板→【直线】命令选项，在【绘制】面板中选择绘制轮廓的命令【直线】，绘制完成箱梁外部轮廓，如图 4-31 所示。

图 4-29 新建族

图 4-30 选择公制轮廓族样板

图 4-31 选择直线命令绘制轮廓线

绘制跨端外部轮廓的第一条线，选择轮廓族两个参照平面的交点作为第一条线的起点，从左到右水平绘制，长度为 6.625m，如图 4-32 所示。依据图 4-26 变截面梁跨端的截面尺寸绘制外部轮廓。完成后如图 4-33 所示。并将其保存为"端部外轮廓族.rfa"。

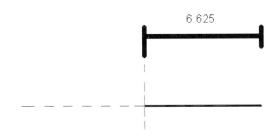

图 4-32　端部外轮廓第一条线（尺寸单位：m）

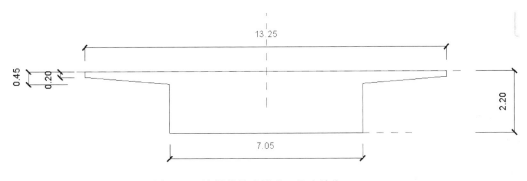

图 4-33　端部外轮廓尺寸（尺寸单位：m）

新建族，并选公制轮廓族，保存为"端部内轮廓"族文件。修改族文件的单位，根据图纸的单位，将族文件单位设置为 cm，保留 3 位小数。为保证两个轮廓的相对位置对应，绘制跨端内部轮廓的第一条线，选择距离轮廓族两个参照平面的交点竖直向下 0.45m 的点，作为第一条线的起点，从左到右水平绘制，长度为 2.93m，如图 4-34 所示。依据图 4-26 变截面梁跨端的截面尺寸绘制内部轮廓。完成后如图 4-35 所示。并将其保存为"端部内轮廓族.rfa"。

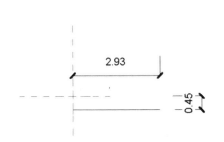

图 4-34　端部内轮廓第一条线绘制（尺寸单位：m）

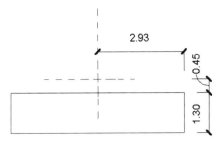

图 4-35　端部内轮廓尺寸（尺寸单位：m）

同理依据图 4-35 变截面梁跨中的截面尺寸绘制跨中外部轮廓及内部轮廓，并保存。分别建立"端部外轮廓.rfa""端部内轮廓.rfa""跨中外轮廓.rfa""跨中内轮廓.rfa"。打开"第一类变截面箱梁.rfa"族文件，并打开四个轮廓族文件，分别在四个轮廓族文件中的选项卡中选择载入项目并关闭,将轮廓族载入到"第一类变截面箱梁.rfa"族文件中。跨中外轮廓尺寸如图 4-36 所示。跨中内轮廓尺寸如图 4-37 所示。

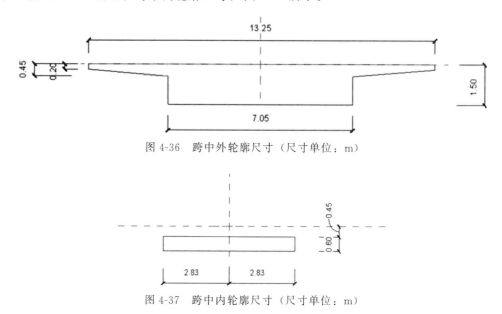

图 4-36 跨中外轮廓尺寸(尺寸单位:m)

图 4-37 跨中内轮廓尺寸(尺寸单位:m)

步骤 3: 用放样融合及空心放样融合命令在"第一类变截面箱梁.rfa"族文件中生成变截面箱梁。

(1) 打开"第一类变截面箱梁"族文件,在项目浏览器中,双击【视图-楼层平面】→【参照标高】。

(2) 选择水平方向的参照平面,先解锁后,在该参照平面左侧小圆点点击鼠标左键不放,将参照平面左右长度拉伸,使水平方向的参照平面与 1 号参照平面和 2 号参照平面相交,如图 4-38、图 4-39 所示。

图 4-38 解除锁定

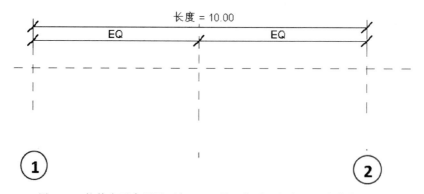

图 4-39 拉伸水平参照平面与 1,2 号工作平面相交(尺寸单位:m)

(3) 放样融合创建外部轮廓模型:【创建】选项卡→【形状】,再点击【放样融合】,如图 4-40 所示。在【放样融合】选项中选择【绘制路径】,如图 4-41 所示。选择 1 号参照平面与水平参照平面的交点作为起点,选择 2 号参照平面与水平参照平面的交点作为终点。在【模式】中点击【√】,完成路径的选择。点击选择"轮廓1",再点击【载入轮廓】,在弹出的路径选项卡中选择保存好的"端部外轮廓.rfa"文件,在轮廓1的下拉菜单中选择端部外轮廓。点击选择"轮廓2",再点击【载入轮廓】,在弹出的路径选项卡中选择保存好的"跨中外轮廓.rfa"文件,在轮廓2的下拉菜单中选择跨中外轮廓。在【模式】中点击【√】,即可完成放样融合。相关操作见图4-40~图4-42。选择项目浏览器中,选择"三维视图",双击"三维",显示模式选择为"真实",可看到如图4-43的模型。

图4-40　放样融合命令

图4-41　绘制路径命令

图4-42　选择端部及跨中轮廓

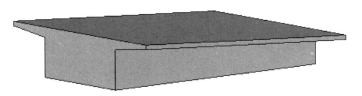

图4-43　外轮廓模型

（4）创建内部空心轮廓模型。在项目浏览器中,双击【视图-楼层平面】→【参照标高】。选择创建选项卡→【形状】→【空心形状】,再点击【空心放样融合】,如图4-44所示。在【空心放样融合】选项中选择【绘制路径】。选择1号参照平面与水平参照平面的交点作为起点,选择2号参照平面与水平参照平面的交点作为终点。在【模式】中点击【√】,完成路径的选择。点击选择"轮廓1",再点击【载入轮廓】,在弹出的路径选项卡中选择保存好的"端部内轮廓.rfa"文件,在"轮廓1"的下拉菜单中选择"端部内轮廓"。点击选择"轮廓2",再点击【载入轮廓】,在弹出的路径选项卡中选择保存好的"跨中内轮廓.rfa"文件,在"轮廓2"的下拉菜单中选择"跨中内轮廓"。在【模式】中点击【√】,即可完成空心放样融合。选择项目浏览器中,选择"三维视图",双击"三维",显示模式选择为"真实",可看到如图4-45的模型。

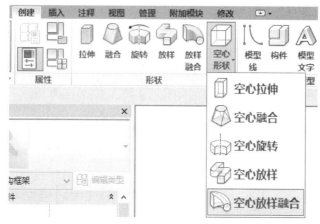

图 4-44 空心放样融合命令

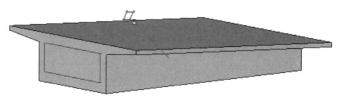

图 4-45 内轮廓创建完成

（5）用剪切命令得到空心的箱梁模型

在【修改/空心放样融合】命令中，选择【剪切】命令，如图 4-46 所示。剪切后模型如图 4-47 所示。

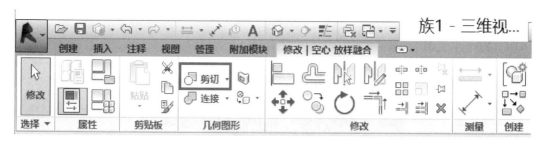

图 4-46 剪切命令

图 4-47 箱梁模型

4.4 任务三：第二类变截面箱梁截面创建

任务简介：利用 Revit 软件绘制变截面箱梁的三维模型，预期效果如图 4-48 所示。

图 4-48　第二种变截面箱梁模型

变截面箱梁图纸如图 4-49、图 4-50 所示。

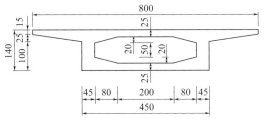

图 4-49　第二种变截面梁跨中截面（一）
（尺寸单位：cm）

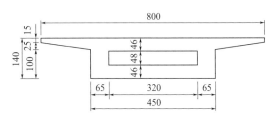

图 4-50　第二种变截面梁跨端截面（二）
（尺寸单位：cm）

本桥上部结构箱梁采用单箱单室截面，箱梁截面梁高 1.4m，梁宽 8m，梁长度为 10m。

步骤1：新建"公制结构框架-梁和支撑"族

（1）新建族，并选择"公制结构框架-梁和支撑"，修改项目文件的单位，将单位设置为 m，保留 3 位小数。保存为"第二类变截面箱梁.rfa"族文件。

（2）将族中原有的梁删除，工作平面删除一部分，只剩下两端的工作平面，如图 4-28 所示，将长度数值改为"10"。

步骤2：新建轮廓族文件

因该梁段梁端与跨中的外部轮廓是一样的，分别创建三个轮廓族文件：外轮廓，端部内轮廓，跨中内轮廓。

（1）新建族，并选择"公制轮廓族"，保存为"外轮廓"族文件。修改族文件的单位，根据图纸的单位，将族文件单位设置为 cm，保留 3 位小数。

（2）单击【创建】选项卡→【详图】面板→【直线】命令选项，在【绘制】面板中选择绘制轮廓的命令【直线】，绘制完成外部轮廓。

绘制外部轮廓的第一条线，选择轮廓族两个参照平面的交点作为第一条线的起点，从左到右水平绘制，长度为 400cm，见图 4-51。依据图 4-49 第二类变截面梁跨中的截面尺寸绘制外部轮廓，完成后如图 4-52 所示，并保存为"外轮廓族.rfa"。

新建族，并选择"公制轮廓族"，保存为"端部内轮廓"族文件。修改族文件的单位，根据图纸的单位，将族文件单位设置为 cm，保留 3 位小数。为保证两个轮廓的相对位置对应，绘制端部内轮廓的第一条线，选择距离轮廓族两个参照平面的交点竖直向下 46cm 的点，作为第一条线的起点，从左到右水平绘制，长度为 160cm，如图 4-53 所示。依据图 4-50 第二种变截面梁跨端的截面尺寸绘制内部轮廓。完成后如图 4-54 所示，并保存为"端部内轮廓族.rfa"。

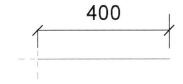

图 4-51　端部轮廓第一条线（尺寸单位：cm）

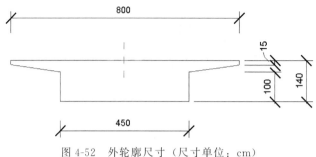

图 4-52 外轮廓尺寸（尺寸单位：cm）

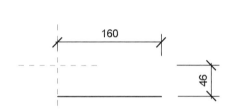

图 4-53 端部内轮廓第一条线绘制（尺寸单位：cm）

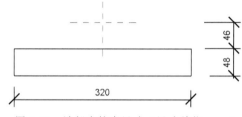

图 4-54 端部内轮廓尺寸（尺寸单位：cm）

同理依据图 4-49 变截面梁跨中的截面尺寸绘制跨中内部轮廓，并保存。分别建立"外轮廓.rfa""端部内轮廓.rfa""跨中内轮廓.rfa"。打开"第一类变截面箱梁.rfa"族文件，并打开四个轮廓族文件，分别在四个轮廓族文件中的选项卡中选择载入项目并关闭，将轮廓族载入到"第二类变截面箱梁.rfa"族文件中，如图 4-55 所示。

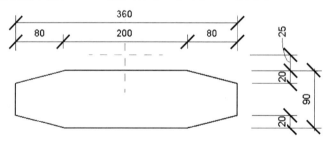

图 4-55 跨中内轮廓尺寸（尺寸单位：cm）

步骤 3：用放样和空心放样融合命令在"第二类变截面箱梁.rfa"族文件中生成变截面箱梁。

（1）打开"第二类变截面箱梁"族文件，在项目浏览器中，双击【视图-楼层平面】→【参照标高】。

（2）选择水平方向的参照平面，先解锁后，在该参照平面左侧小圆点点击鼠标左键不放，将参照平面左右长度拉伸，使水平方向的参照平面与 1 号参照平面和 2 号参照平面相交。

（3）放样创建外部轮廓模型：【创建】选项卡→【形状】，再点击【放样】。在【放样】选项中选择【绘制路径】。选择 1 号参照平面与水平参照平面的交点作为起点，选择 2 号参照平面与水平参照平面的交点作为终点。在【模式】中点击【√】，完成路径的选择。再点击【载入轮廓】，在弹出的路径选项卡中选择保存好的"外轮廓.rfa"文件，在轮廓的下拉菜单中选择"端部外轮廓"。在【模式】中点击【√】，即可完成放样。选择项目浏览器中，选择"三维视图"，双击"三维"，显示模式选择为"真实"，可看到如图 4-56 的模型。

图 4-56　外轮廓模型

（4）创建内部空心轮廓模型。在项目浏览器中，双击【视图-楼层平面】→【参照标高】。选择【创建】选项卡→【形状】→【空心形状】，再点击【空心放样融合】。在【空心放样融合】选项中选择【绘制路径】。选择 1 号参照平面与水平参照平面的交点作为起点，选择 2 号参照平面与水平参照平面的交点作为终点。在【模式】中点击【√】，完成路径的选择。点击选择"轮廓 1"，再点击【载入轮廓】，在弹出的路径选项卡中选择保存好的"端部内轮廓.rfa"文件，在"轮廓 1"的下拉菜单中选择"端部内轮廓"。点击选择"轮廓 2"，再点击【载入轮廓】，在弹出的路径选项卡中选择保存好的"跨中内轮廓.rfa"文件，在"轮廓 2"的下拉菜单中选择"跨中内轮廓"。在【模式】中点击【√】，即可完成空心放样融合。选择项目浏览器中，选择"三维视图"，双击"三维"，显示模式选择为"真实"，可看到如图 4-57 的模型。

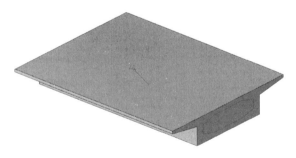

图 4-57　内轮廓创建完成

（5）用剪切命令得到空心的箱梁模型

在"修改/空心放样融合"命令中，选择"剪切"命令，剪切后模型如图 4-58 所示。

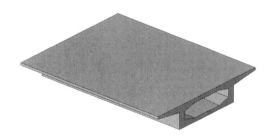

图 4-58　箱梁模型

4.5 任务四：创建单箱双室箱梁

方法一：

步骤1： 创建轮廓族文件。

（1）单击 →"新建"→"族"。

（2）打开"新族"→"选择样板文件"对话框，选择"公制轮廓.rft"为族样板文件。单击"打开"进入族编辑状态。

（3）修改族文件的单位，将单位设置为 m，保留 2 位小数。

步骤2： 导入主梁 CAD 图纸。

（1）将箱梁桥主梁的图纸进行修订，为一个闭合轮廓，如图 4-63 所示。

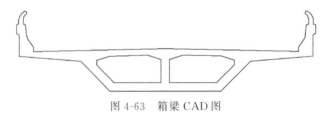

图 4-63　箱梁 CAD 图

（2）单击"插入"选项卡下"导入"面板中的"导入 CAD"按钮，弹出"导入 CAD"格式对话框，导入单位选择为"mm"，定位选择为"自动—中心到中心"。如图 4-64 所示。

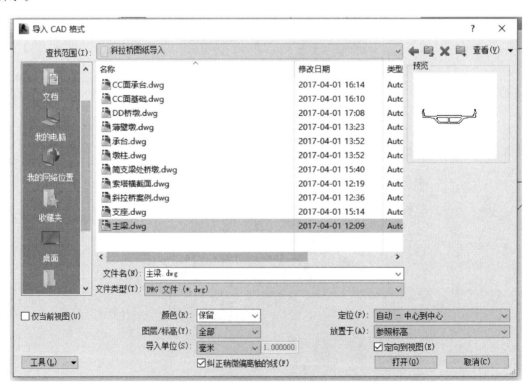

图 4-64　导入箱梁 CAD 图设置格式

（3）调整导入箱梁的位置，运用"移动命令"，使箱梁桥面中心线的位置与参照中心点重合。全选箱梁，点击右键，选择完全分解。

（4）保存主梁族文件，保存为主梁.rfa。

（5）单击"插入"选项卡下"族编辑器"面板中的"载入到项目"按钮，将主梁族文件载入到"箱梁桥模型"项目文件。

步骤3：采用内建常规模型，用放样的方式在项目中生成主梁。

（1）单击"建筑"选项卡下"构建"面板中的"构建"下的"内建模型"按钮，如图4-65所示。

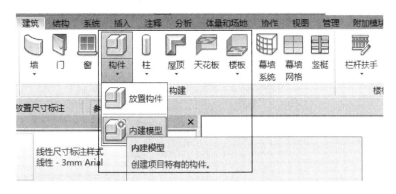

图4-65 内建模型命令

（2）在弹出的"组类别和族参数"对话框中，选择"常规模型"。

（3）在弹出的"名称"对话框中，填写"主梁"。

（4）在项目浏览器中，选择"三维视图"。

（5）单击"建筑"选项卡下"形状"面板中的"放样"按钮。

（6）单击"修改—放样"选项卡下"放样"面板中的"绘制路径" 按钮。

（7）单击"修改—放样＞绘制路径"选项卡下"绘制"面板中的"拾取线" 绘制 按钮。

（8）在"桥面"结构平面中，拾取绘制的桥梁中心线作为放样的路径。

（9）功能区单击"√"工具，完成放样路径的拾取。

（10）单击"修改—放样"选项卡下"放样"面板中的"选择轮廓"按钮。在下拉菜单中，选取主梁轮廓，如图4-66所示。

（11）功能区单击"√"工具，完成放样。完成后的主梁如图4-67所示。

（12）设置箱梁材质，效果如图4-68、图4-69所示。

图4-66 选择"主梁1"轮廓

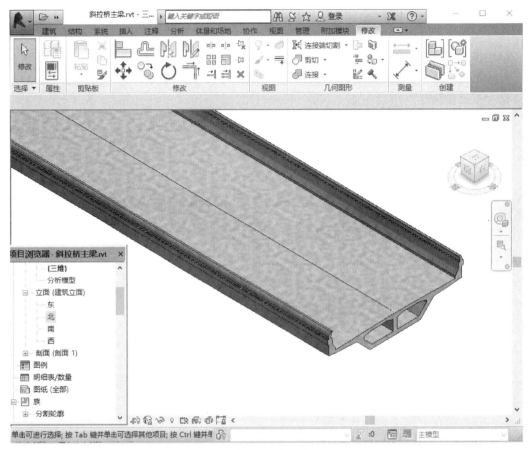

图 4-67 单箱双室箱梁桥效果图

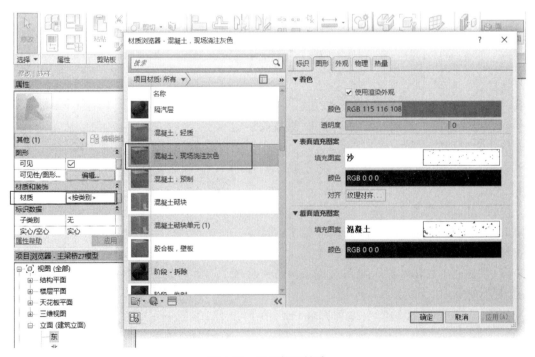

图 4-68 设置箱梁材质

图 4-69　赋予箱梁材质后效果图

方法二：

步骤 1：创建公制结构框架-梁和支撑文件。

（1）单击 ▲ → "新建" → "族"。

（2）打开 "新族" → "选择样板文件" 对话框，选择 "公制结构框架-梁和支撑.rft" 为族样板文件。单击 "打开" 进入族编辑状态。进入后，将其中原来的梁的部分删除。

（3）修改族文件的单位，将单位设置为 m，保留 2 位小数。

步骤 2：导入主梁 CAD 图纸。

（1）设置工作平面，如图 4-70 所示。单击 "建筑" 选项卡下 "工作平面" 面板中的 "设置" 按钮。在弹出的对话框中，选择 "拾取一个平面"，选择最左侧的平面，在弹出的对话框 "转到视图" 中选择 "立面：左"，点击打开视图。将箱梁桥主梁的图纸进行修订，为一个闭合轮廓。

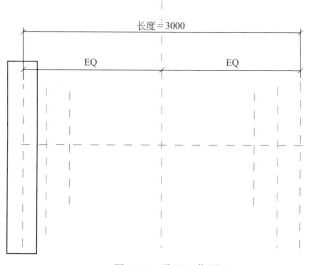

图 4-70　设置工作平面

(2) 在左侧平面内，单击"插入"选项卡下"导入"面板中的"导入CAD"按钮，弹出"导入CAD"格式对话框，导入单位选择为"mm"，定位选择为"自动—中心到中心"。

(3) 调整导入箱梁的位置，运用"移动命令"，使箱梁桥面中心线的位置与参照中心点重合。全选箱梁，点击右键，选择完全分解。

步骤3： 采用放样方法，在族中生成主梁。

(1) 双击项目浏览器→楼层平面→参照标高。

(2) 单击"创建"选项卡"模型线"按钮。在横向的参照线处绘制直线，点击"修改"确认，将该线作为放样的路径。

(3) 单击"创建"选项卡"形状"面板中的"放样"按钮。单击"修改—放样"选项卡下"放样"面板中的"拾取路径"按钮。选择刚刚画好的线，功能区单击"√"工具，完成放样路径的拾取。

(4) 单击"修改—放样"选项卡下"放样"面板中的"编辑轮廓"按钮。在弹出的转到视图对话框中，选择"立面左"。选择导入的箱形梁的所有线条。功能区单击"√"工具，完成放样轮廓的拾取。

(5) 单击"修改—放样"选项卡下"模式"面板中的"√"工具，确认放样，生成箱梁。

(6) 保存主梁族文件，保存为箱梁.rfa。

(7) 单击"插入"选项卡下"族编辑器"面板中的"载入到项目"按钮，将主梁族文件载入到"箱梁桥模型"项目文件。

(8) 载入项目后，选择标高为桥面标高50m，选择轴A与轴1的交点，点击一下，做为梁的起点，在轴A与轴2的交点点击一下，作为梁的终点，梁就在项目中生成了。

(9) 由于梁载入时以防撞栏的最高点做为标高50m载入，箱梁的高度向下偏移了1248mm。所以箱梁的标高需要调整，选中箱梁，在属性中起点标高偏移和终点标高偏移设置为1248mm，将梁的桥面标高调整到50m处。

(10) 由设计背景材料知，全桥有9跨，通过复制命令，绘制全桥的箱梁。

学习单元五

创建桥墩、桥台族

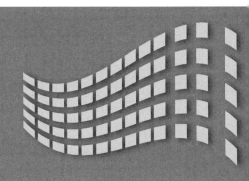

项目五 创建桥墩、桥台族

项目引入 创建箱梁桥整体模型，前面完成了箱梁主梁的创建，本项目主要是完成箱梁桥的桥墩、桥台族。最后将这些族导入到箱梁桥项目中，拼装成一个整体。

学习内容
任务一：看懂桥墩、桥台构造图
任务二：创建结构柱族，创建参照平面
任务三：建立盖梁、系梁、墩柱、基础
任务四：创建桥台族
任务五：对桥墩进行参数化设计

学习目标
知识目标：掌握结构柱族的建立方法
　　　　　掌握桥墩模型的构建方法
能力目标：能够独立创建桥墩模型
　　　　　能够独立创建桥台模型
素质目标：培养和提高学生三维设计和绘图的能力

5.1 任务一：桥墩任务简介

湖南境内某预应力箱梁桥，桥梁墩台为双柱式墩配桩基础。图中尺寸均以 m 计。桥墩基础奠于弱风化板岩上，按嵌岩桩设计，要求其嵌入弱风化板岩不小于 3m。如图 5-1 所示：桥墩的总体宽度为 5.6m，盖梁混凝土强度等级为 C30，桥墩立柱间的横系梁的高度为 0.8m，桩基的直径为 1.2m。

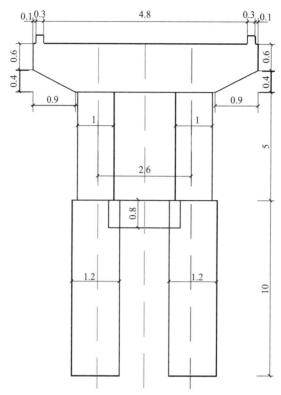

图 5-1 桥墩构造图（尺寸单位：m）

5.2 预备知识

5.2.1 创建结构柱族

当开始创建柱族时，会看到以下三种视图中的一种：带有参照平面的较低参照标高标记和较高参照标高标记的前立面视图、带有参照平面和两组相等尺寸标注的平面视图，以及三维视图。在哪种视图中开始创建柱族都没有关系。在这些视图的任一视图中定义几何图形。可以为平面视图添加整体宽度和深度尺寸标注并标记平面视图。

以下是创建柱族的常规步骤：

(1) 单击 →"新建"→"族"。

(2) 在"打开"对话框中，从"Templates"文件夹中选择"公制柱.rft"并单击"打开"。

(3) 创建族的几何图形。

(4) 如果需要，为添加的任何永久性尺寸标注添加标签。将光标放置在尺寸标注文字上并单击鼠标右键。单击"编辑标签"并输入尺寸标注的名称。此名称会出现在族属性中。可以通过修改名称来修改该族在此项目中出现的所有位置，或使用它来创建其他不同尺寸的族类型。

(5) 设置"定义原点"和"是参照"属性的"参照平面"和"绘制线"属性。

(6) 单击 →"保存"，保存族。Revit 将使用 RFA 扩展名保存该文件。

5.2.2 结构柱族参数

要访问族编辑器中的"结构柱族参数"，请单击"修改→结构柱"选项卡→"模式"面板→"编辑族"→"属性"面板→"族类别和族参数"。确认选择"结构柱"作为"族类别"。"族参数"显示在对话框的底部。

可选择结构材质类型，控制结构柱族的隐藏视图显示。将结构柱族表示为共享族。

5.2.3 放置垂直结构柱

（1）单击"常用"选项卡→"结构"面板→"柱"下拉列表→"结构柱"。
（2）单击"修改→放置结构柱"选项卡→"放置"面板→"垂直柱"。
（3）如果结构柱族先前未载入，则 Revit Structure 会提示要载入一个柱族。
（4）从"属性"选项板上的类型选择器下拉列表中，选择一种柱类型。
（5）如果要在放置后旋转柱，请在选项栏中选择"放置后旋转"。
（6）或者，单击"修改→放置结构柱"选项卡→"属性"面板→"属性"（根据情况可能为"类型属性"），在将柱添加到模型之前先编辑柱的属性，这一步是可选的。
（7）选项栏上的"高度"/"深度"区域。可在选项栏中预选结构柱的"高度"或"深度"。
（8）在选项栏上，从列表中选择"高度"或"深度"。
（9）在"高度"或"深度"选项右侧的"限制条件"列表中，将柱顶部或底部的限制条件指定为按"标高"，或者选择"未连接"。

如果选择了"未连接"，请在"限制条件"列表右侧的文本框中输入"高度"或"深度"测量值。这种无连接高度/深度的测量值是相对于当前标高而言。

（10）单击以放置柱。在 Revit 中，柱会捕捉到现有的几何图形。将柱放置在轴网交点时，两个轴网都会高亮显示。
（11）在放置期间旋转柱。放置柱时，在放置柱之前按空格键可旋转柱。每次按空格键时，柱将发生旋转，以便与选定位置的相交轴网对齐。在不存在任何轴网的情况下，按空格键时会使柱旋转 90°。

5.2.4 创建实心或空心拉伸

在"族编辑器"中的"创建"选项卡→"形状"面板上，执行下列一项操作：

（1）单击 ▢（拉伸）。
（2）单击"空心形状"下拉列表→ ▢（空心拉伸）。

【注】如有必要，请在绘制拉伸之前设置工作平面。单击"创建"选项卡→"工作平面"面板→▦（设置）。

使用绘制工具绘制拉伸轮廓：要创建单个实心形状，请绘制一个闭合环。要创建多个形状，请绘制多个不相交的闭合环。在"属性"选项板上，指定拉伸属性：

要从默认起点 0 拉伸轮廓，请在"限制条件"下的"拉伸终点"中输入一个正/负拉伸深度。此值将更改拉伸的终点。

要按类别将材质应用于实心拉伸，请在"材质和装饰"下单击"材质"字段，单击 ▭，然后指定材质。

要将实心拉伸指定给子类别，请在"标识数据"下选择子类别作为"子类别"。

单击"应用"。

单击"修改—创建拉伸"选项卡→"模式"面板→✓（完成编辑模式）。

Revit 将完成拉伸，并返回开始创建拉伸的视图。

要查看拉伸，请打开三维视图。

要在三维视图中调整拉伸大小，请选择并使用夹点进行编辑。

5.2.5 标高

模型中使用的基准，用于确定模型重要特征的高程。可以将模型中的任何重要垂直基准线定义为标高。

5.2.6 参照平面

可以使用"参照平面"工具来绘制参照平面，以用作设计准则。参照平面在创建族时是一个非常重要的部分。参照平面会显示在为模型所创建的每个平面视图中。

添加参照平面：使用"线"工具或"拾取线"工具来绘制参照平面。

（1）在功能区上，单击 （参照平面）。

"建筑"选项卡→"工作平面"面板→ （参照平面）。

"结构"选项卡→"工作平面"面板→ （参照平面）。

"系统"选项卡→"工作平面"面板→ （参照平面）。

族编辑器："创建"选项卡→"基准"面板→ （参照平面）。

概念设计环境："创建"选项卡→"绘制"面板→ （参照平面）。

（2）绘制一条线

① 在"绘制"面板上，单击 （直线）。

② 在绘图区域中，通过拖曳光标来绘制参照平面。

③ 单击"修改"结束该线。

（3）拾取现有线

① 在"绘制"面板中，单击 （拾取线）。

② 如果需要，在选项栏上指定偏移量。

③ 选择"锁定"选项，以将参照平面锁定到该线。

④ 将光标移到放置参照平面时所要参照的线附近，然后单击。

5.3 创建桩基础、系梁、墩柱、盖梁、支座

方法一：

步骤1： 创建桩基础。

（1）创建轴网，定位桩基础的位置，点击项目浏览器→结构平面→场地。

（2）复制轴网，选中轴网 A，沿横断面方向，分别在 A 轴网两侧各 1300mm 的距离复制出轴网 B、C，定位桩基础的位置。

（3）单击"结构"选项卡下"独立基础"，选中"载入族"按钮。在弹出的对话框中选择"结构→基础→桩→混凝土圆形桩"，点击打开。

（4）在属性选项卡中选中"编辑类型"，设置直径参数为 1200mm，点击类型后面"复制"按钮，改名字为"桩基础"，在属性里面找到桩长参数，设置为 10000mm。

（5）把鼠标放在 B 轴与 8 轴相交处，点击鼠标，放置桩基础。同理在 C 轴与 8 轴相交处点击鼠标，放置第二个桩基础。

（6）此时的桩基础处于 00 标高处，我们需要修改桩基础的标高位置。选中两根桩，修改属性中的偏移量，设置为 42300mm。

步骤 2：创建系梁。

（1）单击"结构"选项卡下"梁"，选中"载入族"按钮。在弹出的对话框中选择"结构→框架→混凝土→矩形梁"，点击打开。

（2）在属性选项卡中选择"400×800 矩形梁"，选中"编辑类型"，设置参数为 800×800，点击类型后面"复制"按钮，改名字为"系梁"。

（3）点击项目浏览器→结构平面→场地。

（4）在轴网 8 处距离 A 轴网 400mm 处点击一下，作为系梁起点，长度 1800mm 确定系梁终点。

（5）选中系梁，在属性选项卡中设置起点标高偏移 42300mm，终点标高偏移 42300mm，设置系梁高度。

步骤 3：创建墩柱。

（1）单击"结构"选项卡下"独立基础"，属性选项卡中选中"混凝土圆形桩"。

（2）在属性选项卡中选中"编辑类型"，设置直径参数为 1000mm，点击类型后面"复制"按钮，改名字为"桥墩柱"，在属性里面找到桩长参数，设置为 5000mm。

（3）把鼠标放在 B 轴与 8 轴相交处，点击鼠标，放置桥墩柱。同理，在 C 轴与 8 轴相交处点击鼠标，放置第二个桥墩柱。

（4）此时的墩柱处于 00 标高处，我们需要修改桩基础的标高位置。选中两根墩柱，修改属性中的偏移量，设置为 47300mm。

步骤 4：创建盖梁。

（1）单击 → "新建" → "族"。

（2）打开"新族" → "选择样板文件"对话框，选择"公制结构框架-梁及支撑.rft"为族样板文件。单击"打开"进入族编辑状态。

（3）删除原有结构族中的梁结构。

（4）点击"创建→工作平面→设置"，在弹出的对话框中，选择"拾取一个平面"，选择最左侧的平面，选择后弹出的对话框中，选择"立面左"，点击打开。在该工作平面内，运用模型线命令，绘制盖梁轮廓线。先画一半的线，然后镜像。

（5）通过拉伸命令创建盖梁，点击"创建—拉伸"，选择绘制好的盖梁轮廓线，将"拉伸深度"设置为 1200mm。

（6）保存盖梁族，并载入项目，进去场地平面，在轴 A 上距轴 8 左侧 600mm 的位置，点击鼠标左键，作为盖梁的起点，在轴 A 上距轴 8 右侧 600mm 的位置，点击鼠标左键，作为盖梁的终点。选中盖梁调整标高位置，在属性中，设置起点标高偏移和终点标高偏移值均为 48600mm。

（7）进入三维中的后立面，用移动命令，将盖梁移动到中心位置。

步骤5： 创建支座。

（1）单击"结构"选项卡下"梁"，选择"300×600 矩形梁"，选中"编辑类型"，设置参数为 600×300，点击类型后面"复制"按钮，改名字为"支座"。

（2）点击项目浏览器→结构平面→场地。

（3）在 B 轴网上，距离轴网 8 左侧 300mm 处点击一下，作为支座起点，长度 600mm 确定支座终点。

（4）选中支座，在属性选项卡中设置起点标高偏移 48600mm，终点标高偏移 48600mm，设置支座的高度。

方法二：

步骤1： 新建盖梁族文件。

（1）单击 → "新建" → "族"。

（2）打开"新族"→"选择样板文件"对话框，选择"公制轮廓.rft"为族样板文件。单击"打开"进入族编辑状态。

（3）修改族文件的单位，将单位设置为 m，保留 2 位小数。

（4）保存文件，将文件名命名为"盖梁"。

（5）运用画线命令绘制盖梁轮廓，必须为一个闭合轮廓。如图 5-2 所示。

（6）单击"建筑"选项卡下"族编辑器"面板中的"载入到项目"按钮，将主梁族文件载入到"单箱双室箱梁"项目文件。

步骤2： 在项目中建盖梁顶标高

（1）在项目快捷菜单中，用"剖面"命令 在桥梁支座处横断面剖面。

（2）在支座底部建立盖梁顶面标高线。点击"建筑"→"基准"选项卡上的建立"标高"命令，在"修改→放置标高"→绘制选项卡中，选择拾取线命令。选择支座底部线。建立标高如图 5-3 所示，并将标高重命名为"盖梁顶标高"。

图 5-2 盖梁轮廓

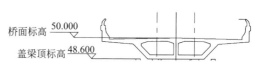

图 5-3 盖梁顶标高创建

步骤3： 采用内建常规模型，用放样的方式在项目中生成盖梁。

（1）单击"建筑"选项卡下"构建"面板中的"构建"下的"内建模型"按钮。

（2）在弹出的"组类别和族参数"对话框中，选择"常规模型"。

（3）在弹出的"名称"对话框中，填写"盖梁"。

（4）在项目浏览器中，选择"三维视图"。

（5）单击"建筑"选项卡下"形状"面板中的"放样"按钮。

（6）单击"修改—放样"选项卡下"放样"面板中的"绘制路径" 按钮。

（7）单击"修改—放样>绘制路径"选项卡下"绘制"面板中的"绘制线"按钮。

（8）在"盖梁顶标高"结构平面中，桥墩处沿桥梁纵向绘制 2m 的线作为放样的路径。

(9) 功能区单击"√"工具，完成放样路径的拾取。

(10) 单击"修改—放样"选项卡下"放样"面板中的"选择轮廓"按钮。在下拉菜单中，选取盖梁轮廓。

(11) 功能区单击"√"工具，完成放样。完成后的盖梁如图 5-4 所示。

步骤 4：用"公制常规模型"族创建柱式墩身。

图 5-4　盖梁模型

(1) 单击 → "新建" → "族"。

(2) 打开"新族" → "选择样板文件"对话框，选择"公制常规模型.rft"为族样板文件。单击"打开"进入族编辑状态。

(3) 修改族文件的单位，将单位设置为 m，保留 2 位小数。

(4) 将该族文件保存为"桥墩族.rfa"。

(5) 单击项目浏览器立面选项栏中的"前"进入前立面视图。

(6) 单击"创建"选项卡"基准"面板中的"参照平面按钮"。在参照标高的上下分别创造一个平行于参照标高的参照平面。

(7) 选择下部的参照标高，单击"修改—参照平面"选项卡"测量"面板的"对齐尺寸标注"，对参照平面进行尺寸标注，选中尺寸线，在上下文选项卡中标签中添加参数"基础高"，将测量的尺寸修改为"5m"。

(8) 单击"工作平面"面板中的"设置"按钮，出现工作平面设置选项卡，选择"拾取一个平面"单击"确定"按钮，拾取参照标高上部的参照平面为工作平面，出现"转到视图"的对话框，选择"楼层平面：参照标高"，单击"打开视图"，进入参照标高视图。

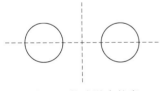

图 5-5　柱式墩身轮廓

(9) 根据墩柱的尺寸，绘制柱式墩身的横断面图，如图 5-5 所示。

(10) 单击"创建"选项卡下的"形状"面板中的"拉伸"按钮，进入"修改—创建拉伸"选项卡，在"绘制"面板中选择"拾取线"，将基础轮廓线选中，单击"完成"。

(11) 双击进入前立面视图，选中柱式墩身构件，通过下操作纵柄将柱式墩身拉伸到参照标高上，并将其锁定，通过上操作纵柄将索塔的上部拉伸到上部参照平面，并锁定。完成柱式墩身模型。

(12) 单击"创建"选项卡下"族编辑器"面板中的"载入到项目"按钮，将柱式墩身文件载入到"单箱双室箱梁"项目文件。

步骤 5：在项目中建柱式墩身墩顶标高，放置柱式墩身。

(1) 在盖梁底部建立柱式墩身顶标高线。点击"建筑" → "基准"选项卡上的建立"标高"命令，在"修改—放置标高" → 绘制选项卡中，选择拾取线命令。选择盖梁底部线。建立标高，并将标高重命名为"柱式墩身顶标高"。

(2) 在项目浏览器→结构平面中，选择"柱式墩身顶标高"平面。作为放置高度。

(3) 在桥墩处绘制轴网，选择项目浏览器—族—常规模型—桥墩族，拖动到绘图窗口，选择放置后旋转。在轴网处放置柱式墩身。

(4) 点击基础，单击"建筑" → "属性" → "类型属性"，在弹出的对话框中修改尺寸标注。

(5) 选中柱式墩身，点击右键，将偏移量修改，调整柱式墩身的位置，如图 5-6 所示。

步骤 6： 同理，采用轮廓族绘制系梁，采用公制常规模型绘制基础。箱梁桥墩模型如图 5-7 所示。

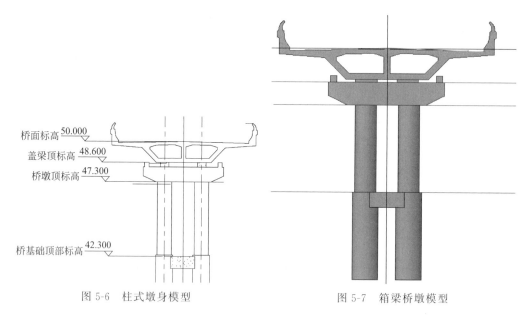

图 5-6　柱式墩身模型　　　　　图 5-7　箱梁桥墩模型

5.4　任务二：桥墩任务简介

湖南某预应力混凝土连续 T 梁桥，桥梁墩台为双柱式墩配桩基础。图中尺寸均以 m 计。桥墩支座及垫石高为 25cm。桥墩基础奠于弱风化板岩上，按嵌岩桩设计，要求其嵌入弱风化板岩不小于 3m。如图 5-8 所示：桥墩的总体宽度为 12.6m，盖梁混凝土强度等级为 C30，桥墩立柱的间距为 7.7m，桥墩立柱间的横系梁的高度为 1.6m，桩基的直径为 1.8m。

5.5　采用桥墩整体族创建桥墩

现在很多设计院已经开始从事 BIM 设计的研究，现在主流的 BIM 设计平台 Revit 软件的模型创建最基本单元为族，在进行三维设计过程中，需要准备不同类型的族，本节我们来学习桥墩族的建模。

步骤 1： 新建桥墩族。

(1) 打开 Revit 后单击"新建族"即可，【项目】→【新建】→【族】，选用"公制结构柱"族样板，如图 5-9 所示。

在 Revit 族库中不包含桥墩构件，所以需要自己新建桥墩族。

(2) 修改单位。选择【管理】→【项目单位】，在格式中将单位改成 m，保留两位小数，如图 5-10 所示。

(3) 绘制标高。选择【立面】→【前】，选中上一个标高，将标高的高度设置 100m，如图 5-11 所示。

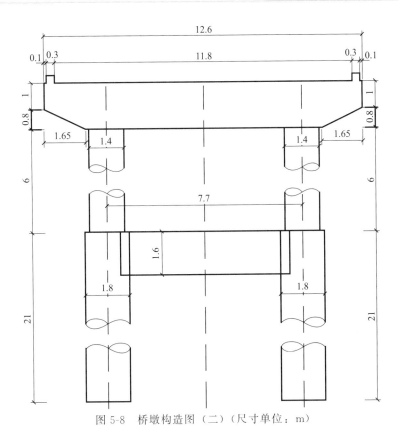

图 5-8 桥墩构造图(二)(尺寸单位:m)

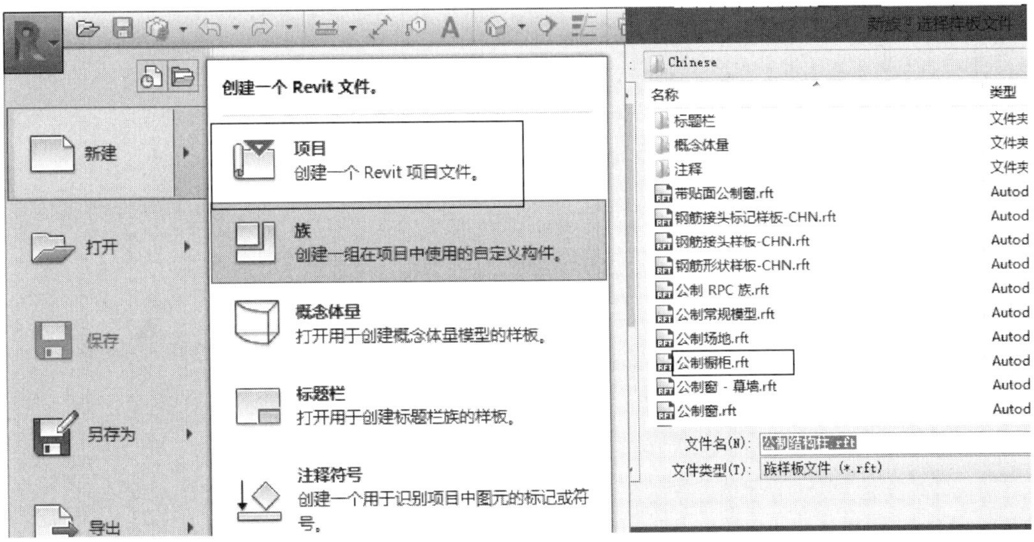

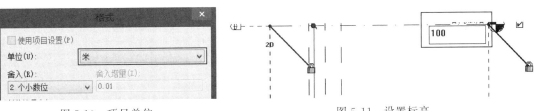

图 5-9 公制结构柱

图 5-10 项目单位 　　　　图 5-11 设置标高

步骤2：创建盖梁。

（1）建立桥墩族的过程主要是拉伸，在【创建】→点击【拉伸】命令，如图5-12所示。

（2）在【修改创建拉伸】→【绘制】面板下，点取【绘制线】命令，点取需要绘制的模型基本形状，在绘制区域进行绘制，绘制盖梁线形步骤如下。拾取线如图5-13所示。

图5-12 拉伸

图5-13 拾取线

（3）在【修改创建拉伸】→【模式】面板下，点【勾】命令，绘制完成后，点取对勾，确认绘制完成。本任务我们选择画线命令，根据桥墩中盖梁设计图纸中的尺寸，画出盖梁的外轮廓线。完成模式如图5-14所示。

以中心线位置作为线的起点位置。盖梁的外轮廓线如图5-15、图5-16所示。

图5-14 完成模式

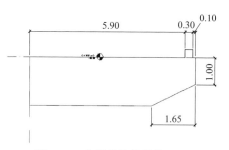

图5-15 盖梁的外轮廓线（1）

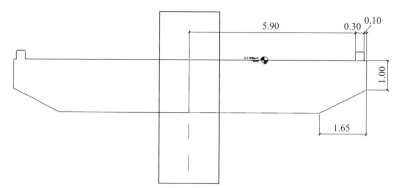

图5-16 盖梁的外轮廓线（2）

在【修改创建拉伸】→【修改】面板下，点取【镜像-绘制轴】命令，绘制完成后，点取对勾。运用镜像命令。

（4）鼠标右键点选不需要的线条，选择删除（图5-17），对于多余的线条进行剪切处理。

（5）横断面绘制完成后，转换视图模式，【视图】→【三维视图】（图5-18），方便完成盖梁三维实体的构建。

（6）点选画好的盖梁面，在【修改拉伸】→【模式】面板下，点取【编辑拉伸】（图

5-19），将盖梁轮廓拉伸为一个立体。

图 5-17 删除　　　　图 5-18 三维视图　　　　图 5-19 编辑拉伸

（7）【修改—拉伸＞编辑拉伸】→【工作平面】→【设置】→弹出如下对话框，【指定新的工作平面】→选择【名称：中心（前/后）】确定。

（8）【属性】→【拉伸终点】的数据改为 0.85，【拉伸起点】改为 －0.85（图 5-20），点击应用。由设计图可知，盖梁厚度为 1.7m，由桥墩中部进行拉伸，向前拉伸 0.85m，向后拉伸 0.85m。

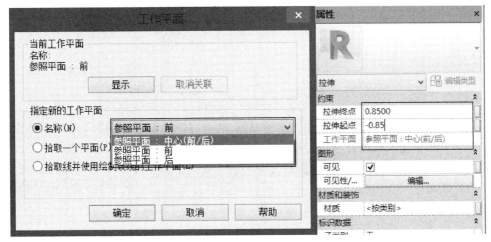

图 5-20 拉伸设置

（9）最后得到立体盖梁效果图如图 5-21 所示。

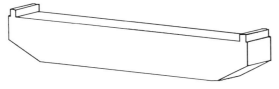

图 5-21 立体盖梁效果图

步骤3： 创建柱式墩身。

（1）【视图】→【立面】→【前】，如图 5-22 所示。

（2）在【创建】选项卡→【基准】面板下，点取【参照平面】命令，创建参照平面，如图 5-23 所示。

（3）在【修改放置参照平面】选项卡→【绘制】面板下，点取【选择线条】命令，在盖梁底部画一条线作为参照平面，改名为盖梁底面（图 5-24）。点击修改命令，确定。

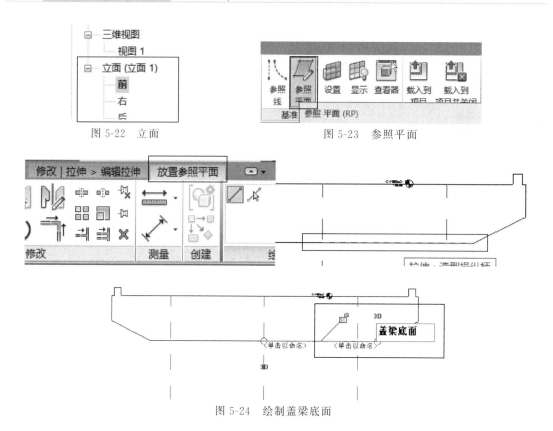

图 5-22 立面　　　　　　　　图 5-23 参照平面

图 5-24 绘制盖梁底面

（4）选择【楼层平面】→【低于参照标高】，选择【立面】→【前】。

（5）为方便创建桥墩，将中心竖线左右复制，得到两个桥墩的中心线。

点选中心线，在【修改/参照平面】选项卡→【修改】面板下，点取【复制】命令，再次点选中心线，左右各偏移 3.85m。由于两桥墩的中心线间的距离为 7.7m，所以两桥墩距离中心的距离为 3.85m，如图 5-25 所示。

（6）选择【天花板平面】→【低于参照标高】，如图 5-26 所示。

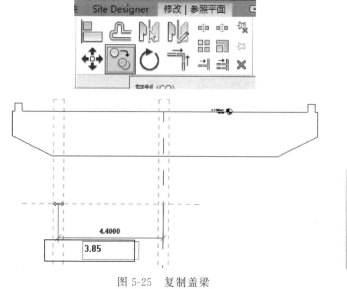

图 5-25 复制盖梁　　　　　　　　图 5-26 低于参照标高

(7) 在【创建】→点击【拉伸】命令。拉伸柱式墩身,如图 5-27 所示。

(8) 在【修改创建拉伸】→【绘制】面板下,点取【绘制圆】命令,选择画圆命令,画桥墩的横断面,如图 5-28、图 5-29 所示。桥墩直径为 1.4m,勾选完成。

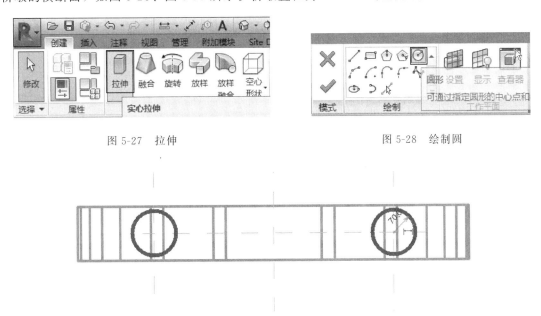

图 5-27　拉伸　　　　　　　　　　图 5-28　绘制圆

图 5-29　绘制桥墩

(9) 点选桥墩面,在【修改/拉伸】→【模式】面板下,点取【编辑拉伸】命令,如图 5-30 所示。

(10)【修改—拉伸＞编辑拉伸】→【工作平面】→【设置】→弹出如下对话框,【指定新的工作平面】→选择【名称:盖梁底面】,确定。

图 5-30　编辑拉伸

(11)【属性】→【拉伸终点】的数据改为-6,【拉伸起点】改为 0,点击应用。可得到桥墩,如图 5-31 所示。

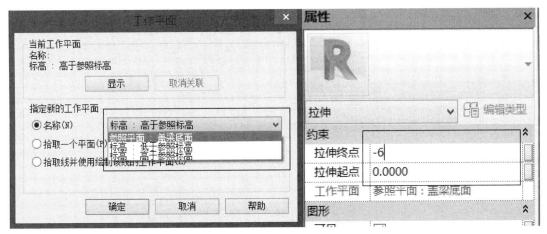

图 5-31

图 5-31 桥墩

步骤 4： 创建柱式桩基础。

(1)【视图】→【立面】(图 5-32) →【前】。

(2) 在【创建】选项卡→【基准】面板下，点取【参照平面】命令，创建参照平面，如图 5-33 所示。

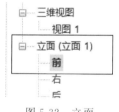

图 5-32 立面

图 5-33 参照平面

(3) 在【修改放置参照平面】选项卡→【绘制】面板下，点取【选择线条】命令，在盖梁底部画一条线作为参照平面，改名为桥墩底面（图 5-34）。点击修改命令，确定。

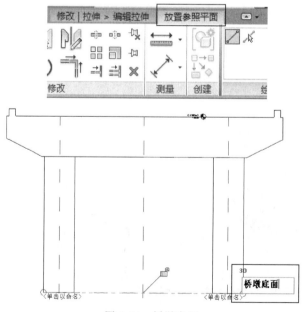

图 5-34 桥墩底面

(4) 选择【楼层平面】→【低于参照标高】，选择【立面】→【前】。

(5) 选择【天花板平面】→【低于参照标高】，如图 5-35 所示。

(6) 在【创建】→点击【拉伸】命令。拉伸柱式桩基础，如图 5-36 所示。

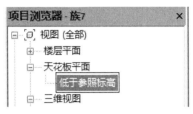

图 5-35 低于参照标高

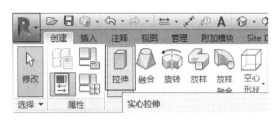

图 5-36 拉伸

(7) 在【修改创建拉伸】→【绘制】面板下，点取【绘制圆】命令，选择画圆命令，画桥墩的横断面，如图 5-37、图 5-38 所示。勾选完成。

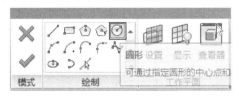

图 5-37 绘制圆

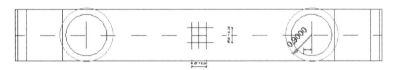

图 5-38 绘制桥墩横断面

(8) 点选桥墩面，在【修改/拉伸】→【模式】面板下，点取【编辑拉伸】命令，如图 5-39 所示。

(9)【修改—拉伸＞编辑拉伸】→【工作平面】→【设置】→弹出如图 5-40 所示的对话框，【指定新的工作平面】→选择【名称：桥墩底面】，确定。

图 5-39 编辑拉伸

图 5-40

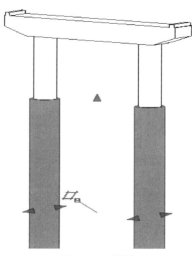

图 5-40 桥墩

（10）【属性】→【拉伸终点】的数据改为-6，【拉伸起点】改为 0，点击应用。可得到桥墩。

步骤 5： 同理创建系梁。

（1）【视图】→【立面】→【前】，如图 5-41 所示。

（2）选择【天花板平面】→【低于参照标高】，如图 5-42 所示。

图 5-41 立面

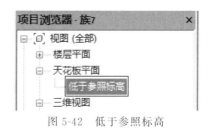

图 5-42 低于参照标高

（3）在【创建】→点击【拉伸】命令。拉伸柱式桩基础，如图 5-43 所示。

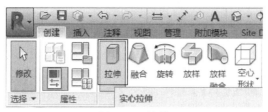

图 5-43 拉伸

（4）在【修改创建拉伸】→【绘制】面板下，如图 5-44 所示。勾选完成。

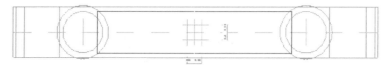

图 5-44 绘制系梁断面

（5）点选系梁面，在【修改/拉伸】→【模式】面板下，点取【编辑拉伸】命令，如图 5-45 所示。

图 5-45 编辑拉伸

(6)【修改—拉伸>编辑拉伸】→【工作平面】→【设置】→弹出如下对话框,【指定新的工作平面】→选择【名称:桥墩底面】,确定。

(7)【属性】→【拉伸终点】的数据改为-21,【拉伸起点】改为 0,点击应用。可得到桥墩,如图 5-46 所示。

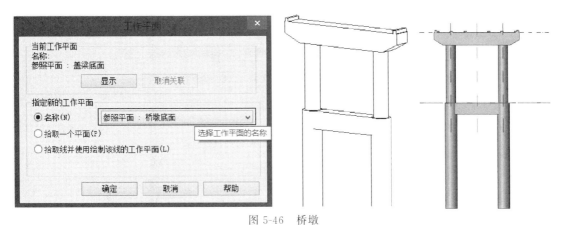

图 5-46 桥墩

5.6 桥墩的参数化设计

这时的族模型是不能变化大小的,即柱的相关参数无法更改,它的大小都与画的平面图有关。直接导入 Revit 中的话,它的形态也是固定的了,只有高度能够随着设定发生变化。

设立相关参数,相关参数可以自由修改。如通过修改尺寸标注,可改变结构的横截面积,从而形成不同形状的桥墩。

步骤 1: 打开桥墩族文件(图 5-47)。

步骤 2: 添加标注。

(1)编辑【注释】→【对齐】(图 5-48),给桥墩结构添加标注。创建多个参照平面添加注释。

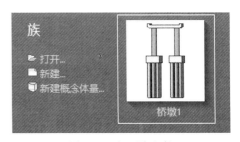

图 5-47 打开族文件

图 5-48 对齐

图 5-49 创建参数

（2）点取尺寸线，对尺寸添加标签。点取标签下的【添加参数】按钮，设置参数名称、参数类型，如图 5-49、图 5-50 所示。

步骤 3：修改参数，得到不同尺寸模型。

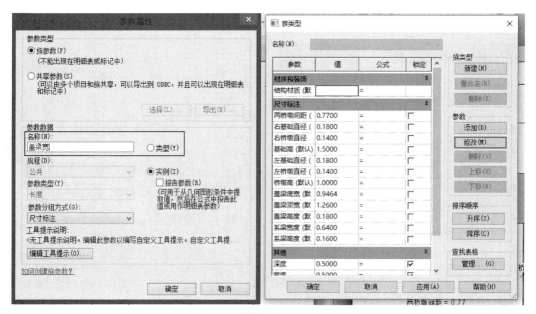

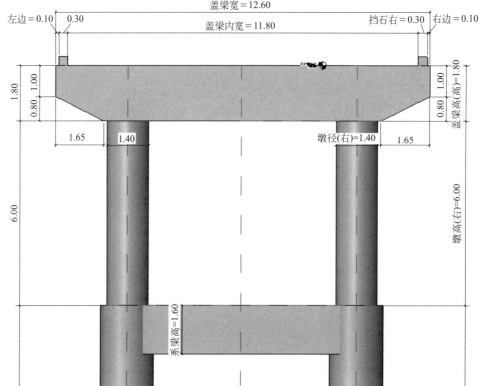

图 5-50 添加参数（尺寸单位：m）

(1) 在族参数中修改盖梁宽度，即可改变模型的大小，如图 5-51 所示。
(2) 同理可以设置桥墩的其他参数，进行参数化设计。

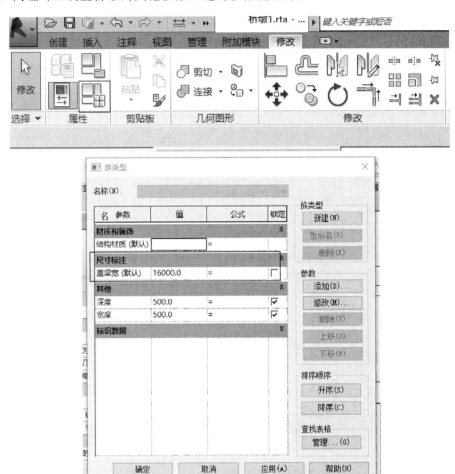

图 5-51　通过族参数中修改盖梁宽度

5.7　创建桥台族

步骤 1：
(1) 新建桥台族（图 5-52）。
(2) 绘制标高。选择【立面】→【前】，选中上一个标高，将标高的高度设置 1000。

步骤 2：　创建台帽。
(1) 建立桥台盖梁族的过程主要是拉伸，在【创建】→点击【拉伸】（图 5-53）命令。
(2) 在【修改创建拉伸】→【绘制】面板下，点取【绘制线】命令，点取需要绘制的模型基本形状，在绘制区域进行绘制。
(3) 在【修改创建拉伸】（图 5-54）→【模式】面板下，点取【对号】命令，绘制完成后，点取对勾。确认绘制完成。本任务选择画线命令，根据桥墩中台帽设计图纸中的尺寸，画出台帽的外轮廓线。

图 5-52 新建桥台族

图 5-53 拉伸

图 5-54 修改创建拉伸

（4）选择在【剪切】（图 5-55）和【裁剪】命令，对于多余的线条进行剪切处理。

图 5-55 剪切

（5）横断面绘制完成后，转换视图模式，【视图】→【三维视图】，方便完成台帽三维实体的构建。

（6）在【修改拉伸】→【模式】面板下，点取【编辑拉伸】（图 5-56），将台帽轮廓拉伸为一个体。

图 5-56 编辑拉伸

（7）【设置】→【指定新的工作平面】→【选择：中心（前/后）】。

（8）选择拉伸起点，【拉伸终点】的数据 100，【拉伸起点】—100，点击确定。完成模型如图 5-57 所示。

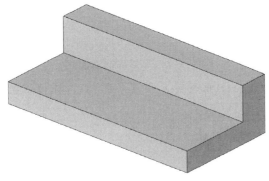

图 5-57 完成模型

步骤 3：创建桥台—耳墙。

方法同前，略。

步骤 4：创建柱式墩身。

（1）【视图】→【立面】→【前】。

（2）在【创建】选项卡→【基准】面板下，点取【参照平面】命令，创建【参照平面】。

（3）在【修改放置参照平面】选项卡→【绘制】面板下，点取【选择线条】命令，在台帽底部画一条线作为参照平面，如图 5-58、图 5-59 所示。

图 5-58 参照平面

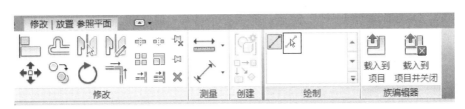

图 5-59 拾取线

(4) 选择【楼层平面一】→【低于参照标高】，选择【立面】→【前】。

(5) 在【创建】选项卡→【基准】面板下，点取【参照平面】命令，创建【参照平面】，如图 5-60、图 5-61 所示。

图 5-60 参照平面

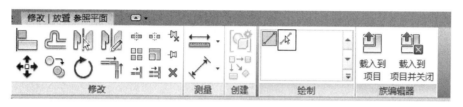

图 5-61 拾取线

(6) 出现上文选择项卡→"修改放置参照平面"，选择偏移值，由中心基准线，左右偏移。

(7) 选择【天花板平面】→【低于参照标高】。

(8) 在【创建】→点击【拉伸】（图 5-62）命令。拉伸柱式墩身。完成模式如图 5-63 所示。

图 5-62 拉伸

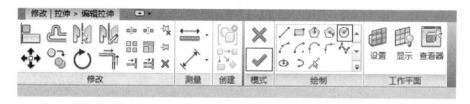

图 5-63 完成模式

(9) 在【修改创建拉伸】→【绘制】面板下，点取【绘制圆】命令，选择画圆命令，画桥台的横断面。

(10) 点击【设置】→【工作平面】→【选择低于参照标高】，打勾确定。

(11) 在【修改拉伸】→【模式】面板下，点取【编辑拉伸】（图 5-64）命令，从低到高拉伸一下，可得到桥台。

图 5-64　编辑拉伸

5.8　将桥墩族载入到项目

步骤 1：打开前面章节建立好的桥墩族。

步骤 2：点击【修改】选项卡→【载入到项目并关闭】，将桥墩放置到设置好地形的项目文件中，如图 5-65 所示。

步骤 3：【选择工作平面】，选择桥面标高，如图 5-66 所示。

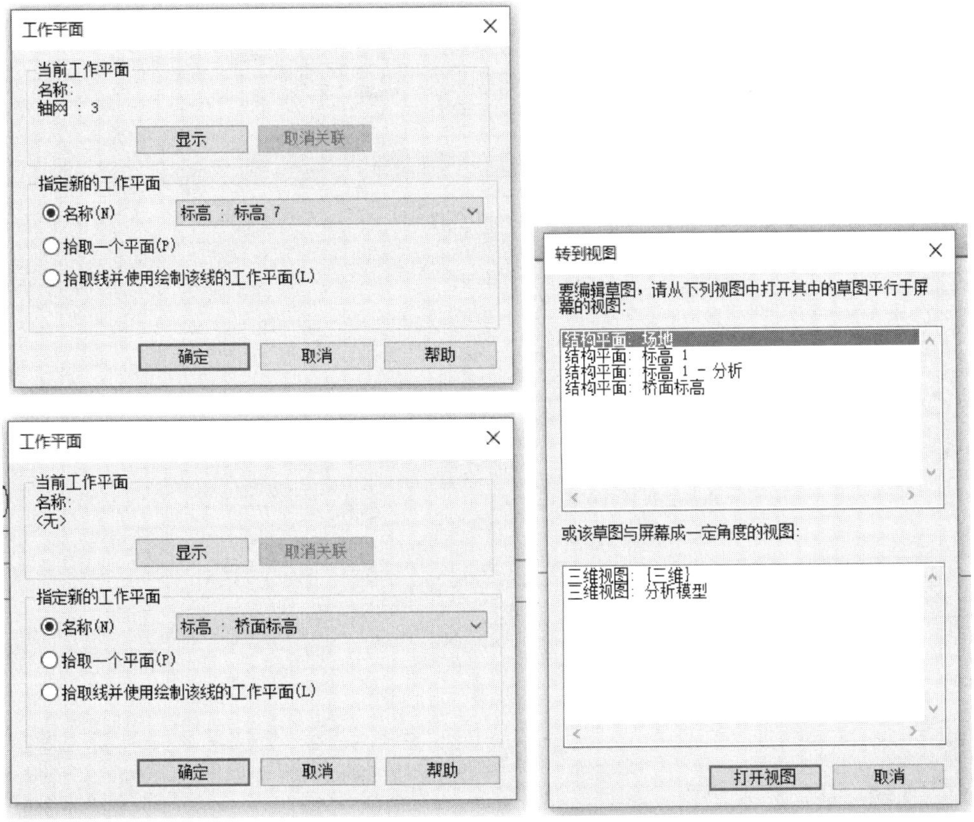

图 5-65　载入到项目中

图 5-66　选择桥面标高

步骤4：打开【修改放置结构柱】选项卡→【放置】面板，点击【垂直柱】命令。选择放置【垂直柱】。出现下文选项卡→"修改放置结构柱"，在选项栏中勾选"放置后旋转"选项。后面选项选择深度，未连接，如图5-67所示。

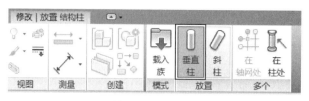

图5-67 放置柱

步骤5：用标高来调整桥墩的长度。
（1）点击【结构平面】→【标高4】。
（2）用【拉伸屋顶】绘制上下两个控制桥墩高度的【屋顶】对象。点击【建筑】选项卡→【构建】面板→【屋顶】→【拉伸屋顶】命令（图5-68），设置一个桥墩的顶面标高位置。

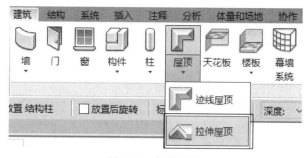

图5-68 拉伸屋顶

（3）在弹出的选项卡中，【选择拾取一个平面】，如图5-69所示。

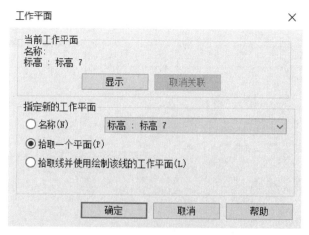

图5-69 拾取一个平面

（4）选择屋顶，基本屋顶—常规125mm，点击编辑类型（图5-70），【复制】→【命名】→【上部参照面】→【结构厚度】0.01m。
（5）绘制上部参照面线条，画桥梁中线。画好后，点击确定。

图 5-70 编辑类型

(6)同样的方法绘制桥墩下参照面,用多段线绘制。深度应考虑在地层以下一定深度。

(7)将"桥墩"上下附着到之前绘制的"屋顶"对象上。

(8)选中所有"桥墩",选择→修改结构柱→选择顶→选择桥墩顶部边界线。同样的方法选择屋顶→底→选择桥墩底部边界线,如图 5-71 所示。

图 5-71 调整桥墩高度

(9)调整桥墩族的结构尺寸,重新载入项目中。选择天花板平面——低于参照标高,选择盖梁、桥墩,根据具体的项目编辑尺寸。

(10)标注桥墩基础顶部标高,根据标高,调整地形线。通过对地形增加点来体现桥墩基础的开挖效果。

【注释】→【高程点】→【三角形(项目)】→在地形图上选择点设置高程控制点,如图 5-72 所示。

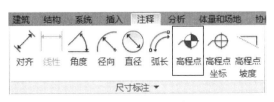

图 5-72 设置高程控制点

(11) 编辑【地形表面】→【放置点】→选好点后,修改点的高程值。选好四个点在桩基础周围,点击确定,可以体现桥墩基础的开挖效果,如图 5-73 所示。

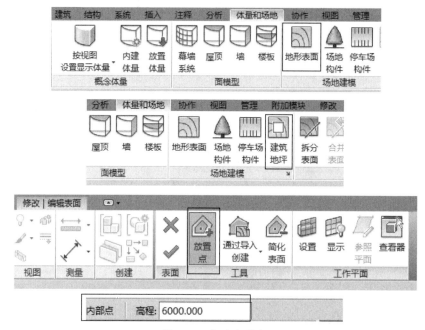

图 5-73　修改高程点

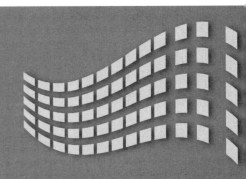

学习单元六

创建桥面系模型

项目六 创建桥面系模型

项目引入 箱梁桥,前面已经创建好了箱形主梁、桥墩、桥台,本项目主要是完成桥梁中桥面系的部分,为构建整个项目做好准备。

将桥梁进行分解,将桥梁的每一个组成部分作为一个族(部件)建立好,最后将这些族组拼起来,导入到桥梁项目中,拼装成一个整体。

学习内容 任务一:创建人行道
任务二:创建路灯族

学习目标 知识目标:掌握栏杆、路灯建模的方法
能力目标:能够独立完成路灯模型
素质目标:培养学生团队协作的精神

桥梁的桥面系包括桥面铺装层、人行道、人行道栏杆、防撞护栏、路灯、排水设施及伸缩缝装置。

6.1 创建路灯族

在 Revit 软件自带的族库中,已有了路灯族。所以,在路灯建模时,可以通过下载路灯族且与本项目中设计相接近的路灯作为模板。对其进行编辑即可完成路灯的建模,以下详细介绍路灯建模。

(1)打开路灯族 打开 Revit 软件中的族,选择已经下载的路灯族模板文件,进入路灯族项目中。

（2）编辑路灯族　依据道路设计中提供的路灯杆的设计图纸，对灯杆的高度、灯杆与灯具的间距、路灯的类型（单挑路灯和双挑路灯）等参数进行设置。

（3）编辑路灯族　对灯杆的高度进行设置，设计人员提供的灯杆设计高度为10m，通过修改灯杆拉伸的起点和终点可以修改路灯高度。

（4）对灯杆的材质进行编辑　在关联族参数中"添加参数"，接着在"族类型"中对所添加的参数添加"材质和装饰"。

（5）由于本项目中，路灯的类型为双挑路灯，路灯两边的灯具相同，可以采用复制或镜像的方法进行绘制，并调整灯具的位置。对路灯灯光的照明进行设置，可以根据光线分布的方式设置灯光照明。

6.2　创建扶手族

（1）单击"常用"选项卡→"楼梯坡道"面板→"扶手"。

（2）如果您不在可以绘制扶手的视图中，将提示您拾取视图。从列表中选择一个视图，并单击"打开视图"。

（3）要设置扶手的主体，请单击"修改→创建扶手路径"选项卡→"工具"面板→拾取新主体，并将光标放在主体附近。移动光标时，相应的主体会高亮显示。只需在绘图区域中单击就可以开始绘制扶手，如图6-1所示。

（4）在主体上单击以选择它。

（5）绘制扶手。

（6）在"属性"选项板上根据需要修改实例属性，或者单击（编辑类型）以访问并修改类型属性。

（7）单击（完成编辑模式）。

（8）换到三维视图查看。

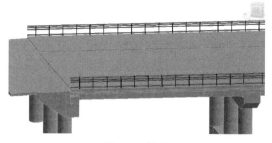

图6-1　扶手

学习单元七

创建 T 梁桥

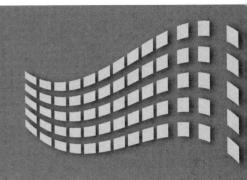

项目七 创建 T 梁族

项目引入 在前面学习单元创建了桥墩、桥台、路灯、栏杆的基础上,本项目创建 T 梁文件,在此基础上,本单元将学习创建 T 梁桥项目。

学习内容
任务一:学习族的分类
任务二:看懂 T 梁图纸
任务三:创建 T 梁族文件
任务四:将主梁族载入项目
任务五:为 T 梁添加钢筋

学习目标 知识目标:掌握 Revit 族的分类
　　　　　　掌握族的定义
能力目标:能够独立完成 T 梁族模型
　　　　　能为 T 梁模型添加钢筋
素质目标:培养和提高学生三维设计和绘图的能力

7.1 项目驱动:T 梁任务简介

T 梁整体横断面布置图如图 7-1 所示。
如图 7-2 所示,请分别完成下图左右 T 梁族的构建。

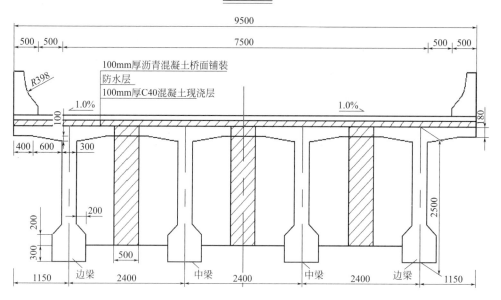

图 7-1 T 梁整体横断面布置图

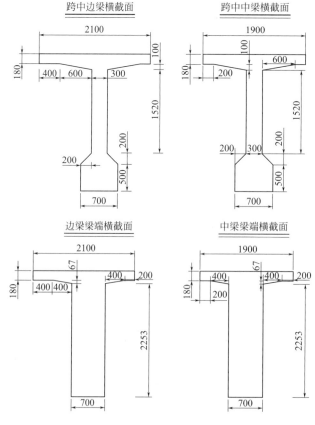

图 7-2 T 梁横断面图

7.2 预备知识

7.2.1 创建族

族是 Revit 软件中一个非常重要的构成要素。通过族概念的引入，可以实现参数化的设计。比如，在 Revit 软件中，可以通过修改参数来确定桥墩、桥台族及其他构件族的高度、宽度或材质等。族的分类一般可以分为系统族、内建族和标准构件族三大类。

（1）系统族 系统族包括基本建筑图元，如墙体、屋顶、天花板、楼板及其他的图元。标高、轴网、图纸和视口类型及系统设置也都属于系统族。

Revit 的系统族都已预定义且保存于样板和项目中，可以在样板和项目之间复制和粘贴或者传递系统族类型。在项目浏览器中，可以查看已预定义的系统族和系统族类型。

（2）内建族 通常，在项目中不需要重复利用的自定义构件，独特或者不常见的几何图形等，可以通过创建内建族来完成。

创建内建族时，首先，在"建筑"选项卡中的"构件"面板下拉列表中选择"内建模型"选项，在弹出的对话框中选择族类别为"常规模型"，输入名称，进入创建族模式；接着，进入"创建"选项卡中选择"拉伸"、"融合"、"旋转"、"放样"、"放样融合"和"空心形状"等建模工具为族创建三维实体和洞口。

（3）标准构件族 标准构件族主要用于创建建筑构件和一些注释类的族。构件族一般包括门窗族、家具族、植物等。此外，还包含一些常规自定义的注释图元，如标注符号和标题栏，它们都具有高度可参数化的特征。构件族在项目的外部，其文件格式为".rfa"，可以通过"插入"来载入到项目文件中。

7.2.2 设置工作平面

在进行实体拉伸等创建之前，需要设置工作平面。单击"创建"选项卡下的"工作平面"面板中的"设置"按钮，在弹出的"工作平面"对话框中，选择"拾取一个工作平面"，然后单击"确定"，选择需要设置的参照平面，在弹出的"转到视图"对话框中选择"立面"。外部，单击后即可转到该视图。

【说明】在族编辑器环境下，族的三维模型的创建总是在指定的工作平面或视图中进行，在工作平面设置后，创建的对象便依附于此工作平面上。指定的工作平面可以是一个视图（前后左右），也可以是任意一个参照平面（含倾斜的参照平面）。

7.3 新建 T 梁项目文件

步骤1：新建一个项目。

（1）单击 ![] → "新建" → "项目"。

（2）在"打开"对话框中，从"样板文件"中选择"结构样板"，选择新建"项目"，并单击"确定"。

（3）在左上角快捷菜单中点击保存，保存为文件为"T 梁桥模型"。

步骤2：设定【项目单位】。
(1)【管理】→【项目单位】，【长度单位】改为 m，保留 2 位小数。单位符号：m。
(2)【面积单位】：m²，保留 2 位小数。

步骤3：标高轴网及平面视图的创建。
(1) 在项目浏览器中，点击【视图】→【立面】→【东】，选择东立面，删除标高 1。将标高 2 改名为桥面标高，并将标高值改为 50m。
(2) 在项目浏览器中，点击【视图】→【结构平面】→【桥面标高】，进入桥面标高平面，先绘制模型线作为 T 梁桥的桥梁中心线。模型线根据跨径分段设置，绘制两条模型线，每条模型线长度分别为 30m。
(3) 保存项目。

7.4 新建族文件

以轮廓族绘制 T 梁主梁结构，新建桥梁轮廓族。【新建】→【族】→公制轮廓.rft。
(1) 选择模型线及项目浏览器的左立面视图。
(2) 用画线命令，绘制桥梁主梁的闭合轮廓线，如图 7-3、图 7-4 所示。

图 7-3　直线

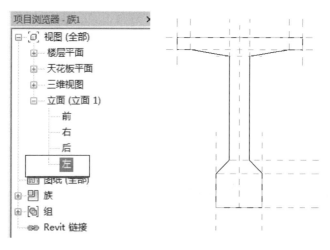

图 7-4　桥梁主梁的闭合轮廓线

(3) 点击【创建】选项卡→【基准】面板→【参照平面】命令，在 T 梁如图 7-5 的位置画参照平面（图 7-6），参照平面共 15 个。

图 7-5 参照平面

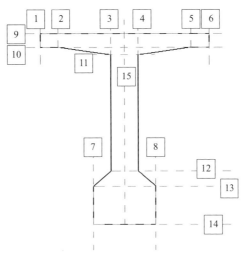

图 7-6 桥梁主梁的参照平面

7.5 进行 T 梁的参数化设计

(1) 点击【创建】选项卡→【尺寸标注】面板→【对齐】命令,开始进行注释。点击 EQ 按钮,表示均分的含义。再加多条注释线,如图 7-7、图 7-8 所示。

【注意】这里的尺寸数值不重要。

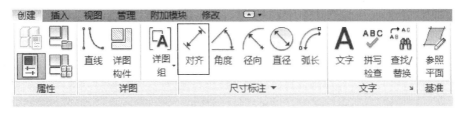

图 7-7 对齐

(2) 点击尺寸线,然后点击标签,选择添加参数,出来如图 7-9 所示的对话框。然后依次添加参数。

7.6 T 梁族载入到项目

(1) 点击【修改】选项卡→【载入到项目并关闭】,将桥墩放置到项目文件中(前一章建立好的 T 梁.rvt 项目文件)。

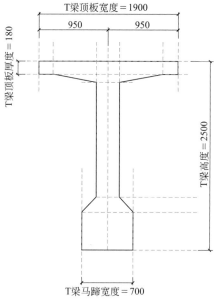

图 7-8 T 梁顶部距离等分

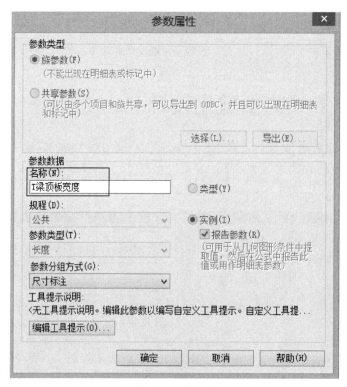

图 7-9 参数属性

（2）通过【内建模型】来生成主梁，如图 7-10 所示。

选择【常规模型】→【桥面】→【放样】→【拾取路径】→【选择轮廓】→【确定】→【应用】，如图 7-11～图 7-14 所示。

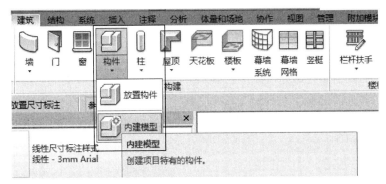

图 7-10 内建模型

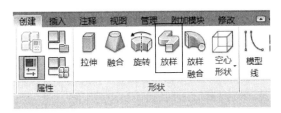

图 7-11 放样

图 7-12 绘制路径

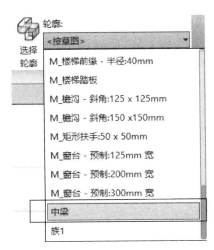

图 7-13 选择中梁轮廓

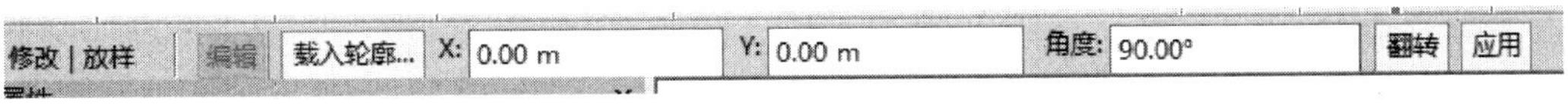

图 7-14 应用

7.7 创建两 T 梁间现浇段模型

（1）创建现浇段公制轮廓族（矩形），将轮廓族载入项目，如图 7-15～图 7-17 所示。

图 7-15 公制轮廓

图 7-16 绘制轮廓

图 7-17 载入项目

（2）选择【建筑】→【构件】→【内建模型】→【常规模型】→【放样】→【拾取路径】→【拾取三维边】→【完成编制模式】→【完成模型】。

（3）用移动命令，调整现浇段位置，如图7-18~图7-20所示。

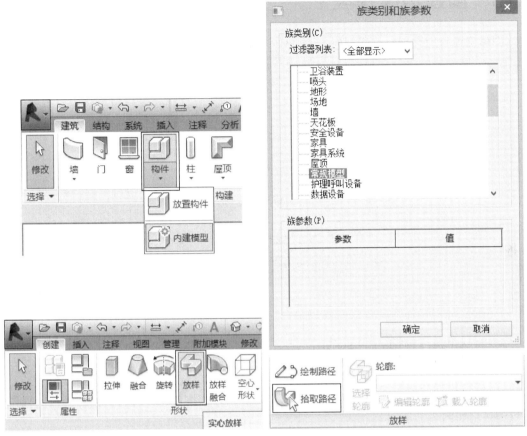

图 7-18　调整现浇段位置

图 7-19　完成编制模式

图 7-20　完成模型

7.8 创建边梁模型

创建流程与中梁创建过程相同,边梁效果如图 7-21 所示。

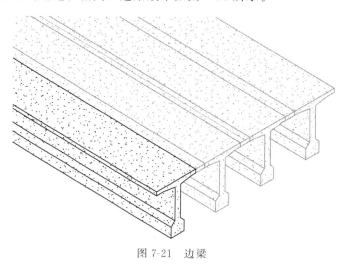

图 7-21 边梁

7.9 创建横隔板模型

创建流程与中梁创建过程类似,先创建横隔板公制轮廓族,后用内置模型创建。边梁内置模型效果如图 7-22 所示。

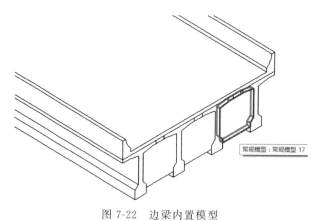

图 7-22 边梁内置模型

7.10 创建变截面 T 梁模型

步骤 1: 点击新建概念体量,如图 7-23 所示,选择公制体量。

步骤 2: 设置参照平面,根据项目图纸可知,变截面长度为 3m,故设置参照平面的距离为 3m。

图 7-23　概念体量

步骤 3： 点击工作平面的显示，在两个工作平面上，分别绘制梁端及跨中的截面轮廓。在绘制梁端轮廓时，腹板线应在（跨中截面马蹄顶部对应处）分段绘制。两个轮廓的顶板位置对齐。

步骤 4： 选中两个轮廓，点击创建形状命令，完成变截面 T 梁的绘制，如图 7-24、图 7-25 所示。

图 7-24　创建形式

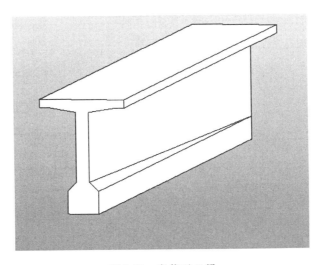

图 7-25　变截面 T 梁

步骤 5： 载入到项目中。

7.11 绘制图纸

步骤1：绘制断面图，详图标注。

(1)【立面】(立面1)→【前】，测量、对齐如图7-26、图7-27所示。

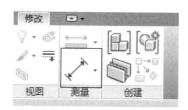

图7-26 测量

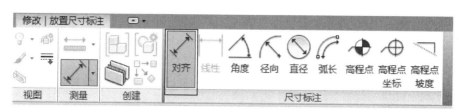

图7-27 对齐

(2) 标注时个别无法标注尺寸的地方，需要在族中添加一些参照平面，作为尺寸标注拾取的对象。

(3) 选中族后，点击【编辑族】→增加【参照平面】→绘制线，如图7-28、图7-29所示。

图7-28 编辑族

图7-29 参照平面

步骤2：绘制详图。

(1) 详图视图（详图），修改详图属性。显示改为真实，如图7-30所示。

(2) 其他细部结构标注，添加【竖向标高标注】，用【三角形不透明】（项目）。

图 7-30 属性

7.12 T 梁钢筋的设置

打开 T 梁族，设置族属性。

(1) 在 T 梁模型族参数里勾选"可将钢筋附着到主体"，如图 7-31 所示，为在 T 梁内加钢筋设置族属性，并添加材质参数。

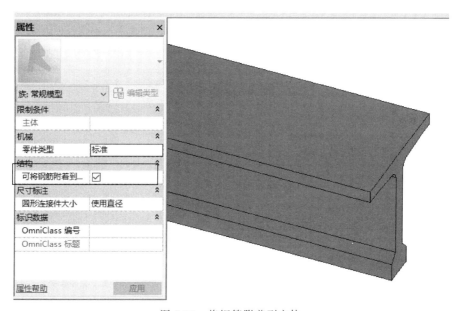

图 7-31 将钢筋附着到主体

(2) 在项目浏览器中,选择【立面】(立面1)→【南】。

(3) 点击【视图】选项卡→【创建】面板→【剖面】命令。选择材质为混凝土,如图 7-32 所示。

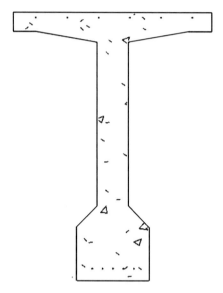

图 7-32 剖面

(4) 点击【结构】选项卡→【钢筋】面板→【钢筋】命令,弹出如图 7-33 所示的对话框。

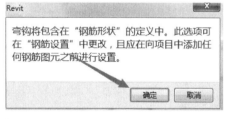

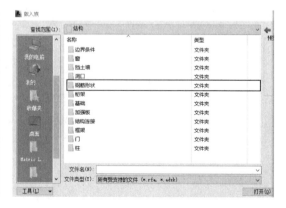

图 7-33 添加钢筋

(5) 点击钢筋形状里的 01.rfa。1 是纵筋形状，载入到项目中。按如图 7-34 所示的按钮，将出现钢筋形状浏览器，选择 1 号形状的纵筋。

图 7-34　将纵筋形状载入项目

(6) 点击【修改放置钢筋】选项卡→【放置方向】面板→【垂直于保护层】命令。点选垂直于保护层，并布局钢筋。

(7) 添加纵筋，如图 7-35 所示，选择垂直于保护层，T 梁上部布置 6 根，T 梁马蹄底部布置 5 根。

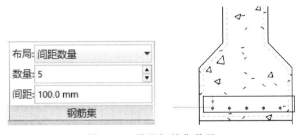

图 7-35　设置钢筋集数量

(8) 设置钢筋集数量，可以同时得到多根钢筋。

(9) 添加箍筋，选择钢筋形状里的 33，33 是箍筋形状。都载入到项目中。按如图 7-36 所示的按钮，将出现钢筋形状浏览器，选择 33 号形状的箍筋。点选垂直于保护层，并布局钢筋。

出现下文选择项卡，点击【修改放置钢筋】，如图 7-37 所示，在选项栏中钢筋形状选为钢筋形状 33。

(10) 添加箍筋，点击【修改放置钢筋】选项卡→【放置方向】面板→【平行于工作平面】命令。

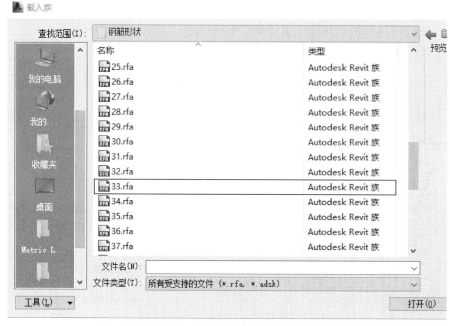

图 7-36 将箍筋形状载入项目

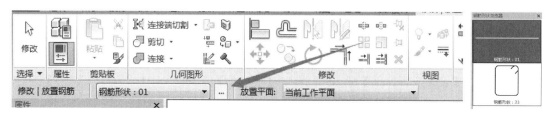

图 7-37 修改放置钢筋

(11) 添加箍筋，箍筋大小选择直径 8 的 HRB335 的钢筋，在这里添加了两个方向的箍筋，按空白键，箍筋接口可以转方向。箍筋间距可以调成最大间距 100，如图 7-38 所示。

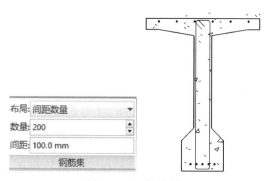

图 7-38 添加箍筋

学习单元八

创建拱桥

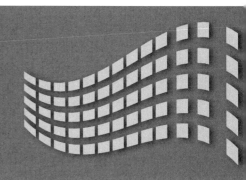

| 项 目 八 | 创建拱桥 |

| 项目引入 | 拱桥由于造型美观,跨越能力较大,在桥梁工程中也应用广泛。本项目是基于前面建立的部分族,创建拱桥模型 |

| 学习内容 | 任务一:创建拱桥项目文件,创建标高、轴网
任务二:创建拱梁自适应族
任务三:载入桥墩、横系梁等,创建拱桥模型 |

| 学习目标 | 知识目标:掌握自适应族的创建方法
　　　　　掌握拱桥建模的方法
能力目标:能够独立完成拱桥设计阶段的建模
素质目标:培养和提高学生的团队协作精神 |

8.1 项目驱动:拱桥简介

×××大桥为上承式拱桥,主拱圈由两根箱形钢筋混凝土拱肋和加强横梁组成。行车道板由 17 孔跨径简支板组成。桥台采用 U 形桥台,基础采用扩大基础。桥面采用 7m+2×0.75m 人行道组成。该桥主孔跨径 50m,矢跨比 1/5,拱顶箱高 1.1m,拱脚箱高 1.4m,桥型布置图如图 8-1 所示。桥墩布置图如图 8-2 所示。

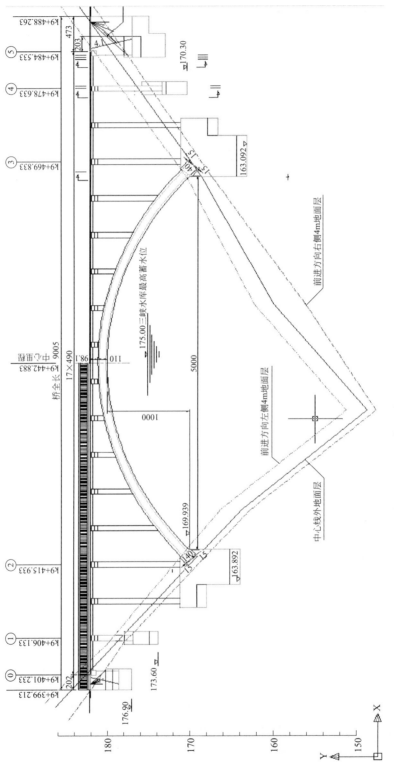

图 8-1 桥型布置图（高程单位：m，其他长度尺度尺寸单位：cm）

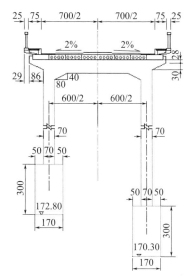

图 8-2　桥墩布置图（高程单位：m，其他长度尺寸单位：cm）

8.2　预备知识

8.2.1　自适应构件的建立

自适应构件是跟随建筑信息模型（BIM）概念而产生的理念，作为某些特性参数可变的部件，贯穿于整个设计项目的 CAD 和 CAE 过程。自适应构件主要表现为 Revit 族，主要应用于建筑设计和水电供暖行业。但随着建筑信息模型（BIM）的深化及普及，自适应构件将更广泛地应用于勘测、土木工程、规划等领域。

8.2.2　创建自适应点的步骤

（1）将自由、基于主体或驱动的参照点放置在需要自适应的位置。
（2）选择参照点。
（3）点击"修改—参照点"选项卡→"自适应构件"面板→使自适应。

该点此时即成为自适应点。要将该点恢复为参照点，请选择该点，然后再次点击"使自适应"。

【注意】自适应点按其放置顺序进行编号。在绘图区域中单击点的编号可以进行修改。它将转换为可编辑的文本框。如果输入当前已使用的自适应点编号，这两个点的编号将互换。也可以在"属性"选项板上修改自适应点的编号。

使用这些自适应点所绘制的几何图形将生成自适应构件。

8.2.3　绘制拉伸屋顶

（1）显示立面视图、三维视图或剖面视图。
（2）单击"建筑和场地"选项卡→"设计"面板→"屋顶"下拉列表→拉伸屋顶。
（3）指定工作平面。

(4) 在"屋顶参照标高和偏移"对话框中,为"标高"选择一个值。默认情况下,将选择项目中最高的标高。

(5) 要相对于参照标高提升或降低屋顶,请为"偏移"指定一个值。

(6) Revit Structure 以指定的偏移放置参照平面。使用参照平面,可以相对于标高控制拉伸屋顶的位置,绘制开放环形式的屋顶轮廓。使用样条曲线工具绘制的屋顶轮廓。

(7) 单击对号确定完成编辑模式,然后打开三维视图。完成拉伸屋顶。

(8) 根据需要将墙附着到屋顶。创建拉伸屋顶后,可以变更屋顶主体,或编辑屋顶的工作平面。

8.3 新建项目文件

步骤 1: 新建一个【项目】,选择样板。样板分为 7 种,Construction-Default CHSCHS 为构造样板;DefaultCHSCHS 为建筑样板;Electrical-DefaultCHSCHS 为电气样板;Mechanical-DefaultCHSCHS 为机械样板;Plumbing-DefaultCHSCHS 为管道样板;Structural Analysis-DefaultCHNCHS 为结构样板;Systems-DefaultCHSCHS 为系统样板。本案例选择【结构样板】,后建立项目。

步骤 2: 设定【项目单位】,【管理】→【项目单位】,【长度单位】改为 m,保留 2 位小数。单位符号:m。【面积单位】:m^2,保留 2 位小数。

8.4 标高轴网及平面视图的创建

步骤 1: 创建拱桥的中心线。

(1) 双击楼层平面中的标高 1 视图,点击【建筑】选项卡→【基准】面板→【轴网】命令,出现选择项卡【放置轴网】,点击【绘制】面板→【直线】命令。

(2) 在图中绘制好拱桥中心线。

步骤 2: 绘制辅助用的轴网和剖视图。

(1) 点击【视图】选项卡→【剖面】命令,选择轴网的最近点绘制剖面线,在视图中会生成【剖面】视图。在视图中双击剖面1,可以看到拱桥立面图中的地形情况和拱桥中心线的位置。在左下角,选择不裁剪视图。

(2) 点击【建筑】选项卡→【工作平面】面板→【设置】命令,弹出【指定新的工作平面】面板,将名称改为"轴网:1",点击确定到"转到视图"面板,点击打开视图。

步骤 3: 绘制一个拱桥桥面附近的标高。

(1) 双击剖面1视图,点击【建筑】选项卡→【基准】面板→【标高】命令,出现选择项卡【放置标高】。在识图中绘制标高,双击标高线,在蓝色数字处,输入案例任务中桥面标高 182m。将标高名称改为:桥面标高。

(2) 在拱桥桥面附近绘制一个标高线,点击选择项卡【放置标高】→【修改】命令确认。

步骤 4: 绘制控制拱端点的轴网,绘制控制拱端高程的标高线。

(1) 双击楼层平面中的标高 1 视图,点击【建筑】选项卡→【基准】面板→【轴网】命令。

图 8-3 修改轴网

(2) 在工作平面内绘制控制拱端点的轴线,绘制好后,点击【修改—放置轴网】选项卡→【修改】命令,确认。选中绘制好的轴网,点击【修改】选项卡→【复制】命令。出现上下文选择项卡→"修改轴网",如图 8-3 所示,在选项栏中勾选"约束"、"多个"选项。

(3) 移动光标在选择的轴线上单击一点作为参考点,向右水平移动光标,出现蓝色临时尺寸,间距值为"20m",点击创建一根新的轴线,继续确定轴网间距值为"50m",创建下一根轴线,同理创建多条轴线。点击【修改】选项卡→【修改】命令确认。分别建立拱圈底部及拱圈顶部轴网。

(4) 点击【建筑】选项卡→【基准】面板→【标高】命令,出现选择项卡【放置标高】,绘制控制拱端高程的标高线。同理建立主拱圈上标高 180.55m,主拱圈底部标高 170.55m。选中标高线,在【属性】选项卡中,修改【限制条件】→【立面】高程数据。

8.5 创建"拱梁"自适应族

步骤 1: 新建族,选择"自适应公制常规模型"族样板文件。

步骤 2: 点击【创建】选项卡→【工作平面】面板→【设置】命令。选择参照标高作为工作平面。或者双击项目浏览器→楼层平面→参照标高。进入到参照标高平面。

步骤 3: 点击【创建】选项卡→【绘制】面板→【点图元】命令,按照下图设置点图元。点击【创建】选项卡→【修改】命令,如图 8-4 所示。

步骤 4: 选择绘制的三个点图元,点击【修改参照点】选项卡→【自适应构件】面板→【使自适应】命令。

步骤 5: 切换到三维视图,Revit 会自动为点加顺序编号。

点击【修改参照点】选项卡→【绘制】面板→参照线。

点击【修改参照点】选项卡→【绘制】面板→【通过点的样条曲线】命令。选择三维捕捉,依次选择三个点绘制曲线,点击修改确认。

步骤 6: 点击【修改放置线】选项卡→【绘制】面板→【矩形】命令→【设置】命令,点击设置的点图元,设置如下方向的工作平面。由点图元开始向右上角开始绘制矩形。如图 8-5 所示。

步骤 7: 双击绘制的矩形,根据图纸中主拱圈的尺寸,在蓝色尺寸标注线上的文字中修改尺寸。

步骤 8: 双击选择绘制的矩形,点击【修改放置线】选项卡→【修改】面板→【移动】命令,使矩形的形心与点图元重合。

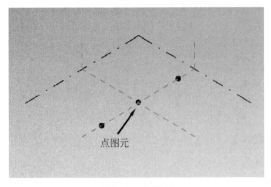
图 8-4 点图元

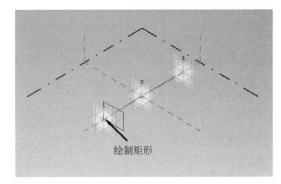
图 8-5 绘制矩形

步骤 9： 同理在第二个、第三个点图元建立相同大小的矩形。形成三个矩形。根据案例已知条件，第一个和第三个矩形边长为 1.4m，第二个矩形边长为 1.1m。

步骤 10： 选中三个矩形及绘制好的样条曲线，点击【修改放置线】选项卡→【形状】面板→【创建形状】命令，生成的形状如图 8-6 所示。

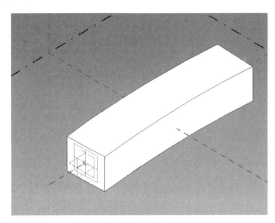
图 8-6 创建形状

步骤 11： 点击右侧视图，【视图】→【立面】→【右】。

步骤 12： 修改族的显示，点击【显示】→【线框】，移动中间的点图元，如图 8-7 所示，形成拱形结构（图 8-8）。

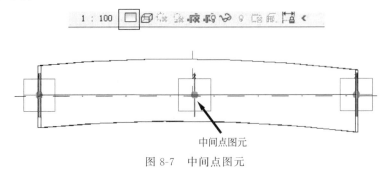
图 8-7 中间点图元

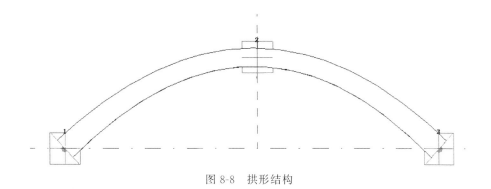

图 8-8 拱形结构

8.6 "拱梁"自适应族载入到项目

步骤 1：选中自适应点，点击【修改自适应点】选项卡→【族编辑器】面板→【载入到项目并关闭】命令。进入到拱桥项目文件。

步骤 2：绘制两个参照平面。点击【建筑】选项卡→【工作平面】面板→【参照平面】命令。点击【修改放置参照平面】选项卡→【绘制】面板→【拾取线】命令。

也可选择轴网 1 作为参照平面。

步骤 3：拾取一个参照平面作为绘图平面，在参照平面中绘制一个标高和一个轴网，用来定位拱顶部标高和位置，依次选取三个点，用来定位拱梁。

图 8-9 主拱圈

点击左侧【项目浏览器】→【族】→【常规模型】→【拱梁】，点击右键，选择【创建实例】，依次选取 3 个点，创建主拱圈。点击修改确定。主拱圈如图 8-9 所示。

步骤 4：根据控制点的位置来调整自适应构件的外形尺寸。

步骤 5：在项目浏览器中→结构平面→桥面标高，选中主拱圈，复制，间距为 6m。

8.7 创建桥墩

步骤 1：用结构柱建立桥墩族。

(1) 打开 Revit 后单击"新建族"即可，【项目】→【新建】→【族】，选用"公制结构柱"族样板。

(2) 点击【创建】选项卡→【形状】面板→【拉伸】命令。

(3) 点击【修改创建拉伸】选项卡→【绘制】面板→【矩形】命令。在视图窗口中绘制矩形。

(4) 点击【创建】选项卡→【修改】命令。点击对号确定。

（5）点击右侧视图，【视图】→【立面】→【右】，选中矩形进行拉伸到控制标高，将参照标高的高度设置为12m，点击对号确认。

（6）点击【修改】选项卡→【载入到项目并关闭】，将桥墩放置到设置好地形的项目文件中。

步骤2： 在项目文件中绘制轴网作为快速定位的辅助线，柱族根据轴网放置在项目中。

（1）点击左侧【项目浏览器】→【结构平面】→【拱底标高】。

（2）点击【建筑】选项卡→【基准】面板→【轴网】命令。

（3）在主拱圈的两个竖向平面的位置建立两个轴线。

（4）在桥梁的横截面方向上建立17个轴线。逐个标注后等分。

步骤3： 载入桥墩族。

（1）在【建筑】选项卡→【构建】面板→【柱】中，点击【结构柱】命令。

（2）在【修改放置结构柱】选项卡→【放置】面板中，点击【垂直柱】→【在轴网处】命令，选中刚才绘制的沿桥向和桥横断面方向的所有轴线。

（3）点击【修改放置结构柱】选项卡→【完成】命令。

步骤4： 用标高来调整桥墩的长度。

（1）点击【建筑】选项卡→【工作平面】面板→【设置】命令，对于工作平面进行设置。

（2）在弹出的选项卡中，选中拾取一个平面，选中一个拱圈的竖向平面。

（3）点击【建筑】选项卡→【构建】面板→【屋顶】→【拉伸屋顶】命令，设置一个桥墩的顶面标高位置。

（4）在弹出的选项卡中，选中标高7作为屋顶的参照标高。

（5）在视图中选中拱线作为屋顶轮廓。

（6）点击【修改创建拉伸屋顶轮廓】选项卡→【完成】命令。

（7）点击【建筑】选项卡→【构建】面板→【屋顶】→【拉伸屋顶】命令，设置一个桥墩的顶面标高位置。

（8）在弹出的选项卡中，选中标高7作为屋顶的参照标高。

（9）在视图中选中桥面线作为屋顶轮廓。

（10）点击【修改创建拉伸屋顶轮廓】选项卡→【完成】命令。选中两个面作为屋顶轮廓。

（11）选中其中某个桥墩，点击右键，选中项目中所有类似的桥墩。

（12）点击【修改结构柱】选项卡→【修改柱】面板→【附着顶部/底部】命令。

（13）选中【附着顶部】，在模型窗口中，选中顶部桥面屋顶。

（14）点击【修改结构柱】选项卡→【修改柱】面板→【附着顶部/底部】命令。

（15）选中【附着底部】，在模型窗口中，选中底部主拱圈屋顶。

（16）附着相交：选为最大相交。完成桥墩长度的调整。

8.8 创建桥面结构

步骤1： 以轮廓族绘制拱桥连续梁桥面结构。

新建桥梁轮廓族。【新建】→【族】→公制轮廓.rft，选择模型线及项目浏览器的左立面视图，用画线命令，绘制桥梁主梁的闭合轮廓线。载入到项目。保存为"桥面轮廓"文件，如图 8-10 所示。

图 8-10　桥梁轮廓族

步骤2：用内建模型放样的方式建立桥面。

（1）点击【建筑】选项卡→【构建】面板→【构件】→【内建模型】命令，用内建模型命令来生成主梁。

（2）在弹出的对话框中，选择【常规模型】→【桥面】。建立桥面如图 8-11 所示。

（3）点击【创建】选项卡→【形状】面板→【放样】命令，【放样】→【拾取路径】。在模型界面中，选中桥面所在位置的线，作为放样路径。

（4）点击【修改放样】选项卡→【完成】命令。确认放样路径。

（5）点击【修改放样】选项卡→【放样】面板→【选择轮廓】，选中"桥面轮廓"，如图 8-12 所示。

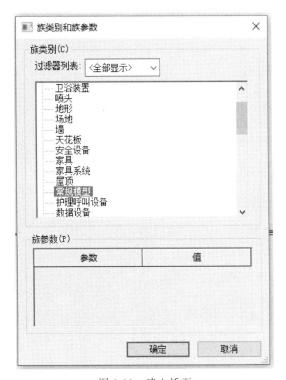

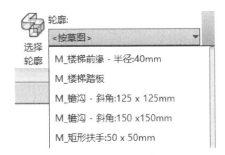

图 8-11　建立桥面　　　　　　　　图 8-12　桥面轮廓

（6）在下面的附属选项中，【修改模型角度】（图 8-13）→【翻转】→【应用】。

（7）点击【修改放样】选项卡→【完成】命令。确认放样轮廓。

图 8-13 修改模型角度

(8) 点击【修改放样】选项卡→【完成模型】命令。确认放样模型。

8.9 创建横系梁

步骤 1： 载入混凝土结构矩形梁。
(1) 在【结构】选项卡→【结构】面板中，点击【梁】命令。
(2) 在【修改放置梁】选项卡→【模式】面板中，点击【载入族】命令。
(3) 在弹出的对话框中，选中 China→【结构】文件夹→【框架】文件夹→【混凝土】文件夹→混凝土-矩形梁.rfa 文件，如图 8-14 所示。

图 8-14 混凝土-矩形梁

步骤 2： 绘制墩顶横梁。
(1) 在模型界面中，单击输入梁的起点和终点。
(2) 选中矩形梁，编辑族，修改梁的断面形式。
在【修改结构框架】选项卡→【模式】面板中，点击【编辑族】命令。在族属性选项卡中，编辑矩形梁的尺寸。

步骤 3： 绘制墩底部横梁。
(1) 在模型界面中，单击输入梁的起点和终点。
(2) 选中矩形梁，编辑族，修改梁的断面形式。

8.10 创建拱座结构

步骤1: 选中拱座部分的横梁结构。

步骤2: 复制横梁结构，修改类型名称，调整结构尺寸（图 8-15、图 8-16）。

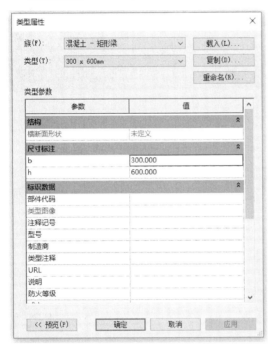

图 8-15 矩形梁的尺寸编辑

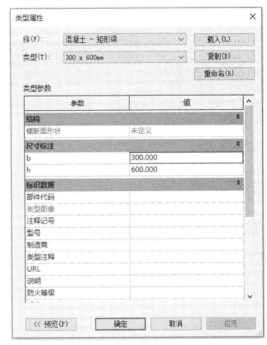

图 8-16 结构尺寸调整

步骤3: 调整拱座处地形线。

8.11 创建栏杆和中央分隔带

桥面轮廓如图 8-17 所示。

图 8-17 桥面轮廓

学习单元九

创建斜拉桥

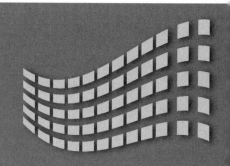

项目九 创建斜拉桥

项目引入 几种基本桥型大家都能熟练建立模型,本项目将挑战难度较大的斜拉桥,创建斜拉桥模型。

学习内容
任务一:创建斜拉桥主梁
任务二:创建斜拉桥索塔
任务三:载入桥墩等,创建斜拉桥模型

学习目标
知识目标:掌握轮廓族的创建方法
　　　　　掌握斜拉桥建模的方法
能力目标:能够独立完成斜拉桥设计阶段的建模
素质目标:培养和提高学生的团队协作精神

9.1 项目驱动:斜拉桥简介

本桥起点桩号 K0+219.50,终点桩号 K0+471.26,全长 250m。桥位平面位于直线段,桥面设置双向 1.5% 横坡。

主跨上部结构采用 (40+60+25)m 子母塔单索面斜拉桥。梁体为预应力箱梁。主梁采用单箱双室截面,梁高 1.4m,腹板厚 80cm。为方便施工,箱梁设计时,不在箱室内设齿板,腹板预应力束均于梁端进行张拉。翼缘板悬臂长为 35cm,顶板厚 20cm,底板厚 20cm。端横梁宽 1.0m。设计图纸见图 9-1。

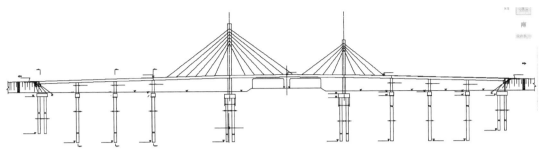

图 9-1 设计图纸

桥塔采用单柱塔，矩形实心截面，桥塔承台厚 3m，平面尺寸 10.3m×6.4m，基础为 8ϕ1.5m 钻孔灌注桩，桩长 30m。

斜拉索采用 OVM200 级钢绞线拉索，钢绞线标准强度为 1860MPa。梁上标准索距 4m，塔上标准索距 1.6m，单塔双索面扇形布置。斜拉索在主梁上锚固，于塔壁交叉交替单端张拉，配套千斤顶型号 YDCS1000。拉索护套采用双层彩色高密度聚乙烯（PE）护套，外径 ϕ90mm。全桥共计 24 根 OVM15-7 规格的拉索，每根拉索张拉端与锚固端均设置减震器一套，全桥共计 56 套。设计采用一次调索成桥。

边跨桥墩采用壁厚为 1.3m 的矩形桥墩，墩高 10m，承台厚 2.0，桩径 1.2m，桩长 32m。桥台为肋式台，双肋双排桩，台高 2.3m，肋宽 0.8m，桩径 1.2m，桩长 30m。

9.2　创建斜拉桥项目文件

步骤 1：新建一个项目。

（1）单击 ![icon] → "新建" → "项目"。

（2）在"打开"对话框中，从"样板文件"中选择"结构样板"，选择新建"项目"，并单击"确定"。

（3）在左上角快捷菜单中点击保存，保存为文件为"斜拉桥 z7 模型"。

步骤 2：设定【项目单位】

（1）【管理】→【项目单位】，【长度单位】改为 m，2 位小数。单位符号：m。

（2）【面积单位】：m^2，2 位小数。

步骤 3：标高轴网及平面视图的创建

（1）在项目浏览器中，点击【视图】→【立面】→【东】，选择东立面，删除标高 1。将标高 2 改名为桥面标高，并将标高值改为 50m。

（2）在项目浏览器中，点击【视图】→【结构平面】→【桥面】，进入桥面标高平面，先绘制一条模型线，作为斜拉桥的桥梁中心线。模型线根据跨径分段设置。第一段直线长度为 20m，而后依次为 20m+20m+40m+60m+25m+20m+20m+20m。

9.3　创建主梁

步骤 1：创建轮廓族文件。

(1) 单击 → "新建" → "族"。

(2) 打开"新族" → "选择样板文件"对话框,选择"公制轮廓.rft"为族样板文件。单击"打开"进入族编辑状态。

(3) 修改族文件的单位,将单位设置为 m,保留 2 位小数。

步骤2: 导入主梁 CAD 图纸。

(1) 将斜拉桥主梁的图纸进行修订,为一个闭合轮廓,如图 9-2 所示。

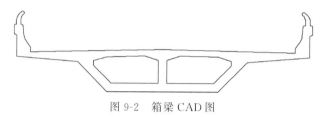

图 9-2 箱梁 CAD 图

(2) 单击"插入"选项卡下"导入"面板中的"导入 CAD"按钮,弹出"导入 CAD"格式对话框,导入单位选择为"mm",定位选择为"自动—中心到中心"。如图 9-3 所示。

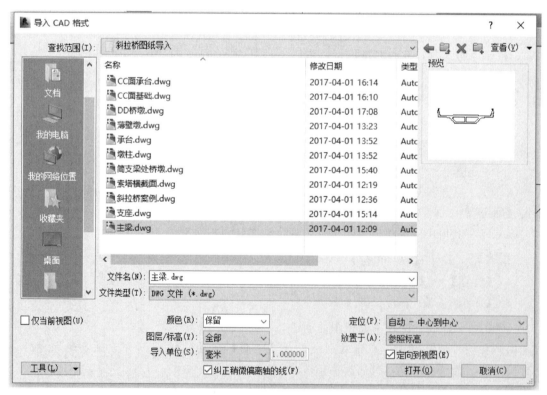

图 9-3 导入 CAD 图

(3) 调整导入箱梁的位置,运用"移动命令",使箱梁桥面中心线的位置与参照中心点重合。

(4) 保存主梁族文件,保存为主梁.rfa。

(5) 单击"插入"选项卡下"族编辑器"面板中的"载入到项目"按钮,将主梁族文件载入到"斜拉桥 z7 模型"项目文件。

步骤3：采用内建常规模型，用放样的方式在项目中生成主梁。
(1) 单击"建筑"选项卡下"构建"面板中的"内建模型"按钮，如图9-4所示。

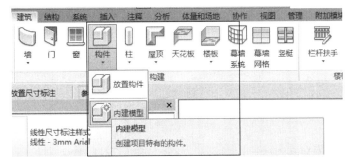

图9-4 构件内建模型

(2) 在弹出的"组类别和族参数"对话框中，选择"常规模型"。
(3) 在弹出的"名称"对话框中，填写"主梁"。
(4) 在项目浏览器中，选择"三维视图"。
(5) 单击"建筑"选项卡下"形状"面板中的"放样"按钮。
(6) 单击"修改—放样"选项卡下"放样"面板中的"绘制路径"按钮。
(7) 单击"修改—放样＞绘制路径"选项卡下"绘制"面板中的"拾取线"按钮。
(8) 在"桥面"结构平面中，拾取绘制的桥梁中心线作为放样的路径。
(9) 功能区单击"√"工具，完成放样路径的拾取。
(10) 单击"修改—放样"选项卡下"放样"面板中的"选择轮廓"按钮。在下拉菜单中，选取主梁轮廓，如图9-5所示。
(11) 功能区单击"√"工具，完成放样。完成后的主梁如图9-6所示。

图9-5 选择轮廓

9.4 创建索塔

步骤1：建立索塔"公制常规模型"族文件。
(1) 单击 → "新建" → "族"。
(2) 打开"新族" → "选择样板文件"对话框，选择"公制常规模型.rft"为族样板文件。单击"打开"进入族编辑状态。
(3) 修改族文件的单位，将单位设置为m，保留2位小数。

步骤2：创建参照平面。
(1) 单击项目浏览器立面选项栏中的"前"进入前立面视图。
(2) 单击"创建"选项卡"基准"面板中的"参照平面按钮"。在参照标高的上下分别创造一个平行于参照标高的参照平面。如图9-7所示。

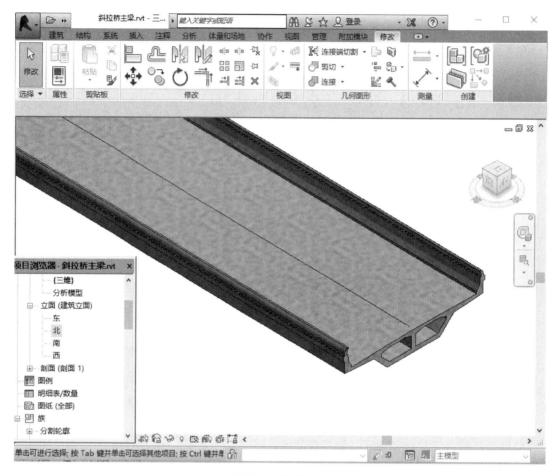

图 9-6 放样完成

图 9-7 参照平面

(3) 选择下部的参照标高,单击"修改—参照平面"选项卡"测量"面板的"对齐尺寸标注" ,对参照平面进行尺寸标注,选中尺寸线,在上下文选项卡中标签中添加参数"索塔高",将测量的尺寸修改为"26.5m",如图 9-8 所示。

(4) 单击"工作平面"面板中的"设置"按钮,出现工作平面设置选项卡,选择"拾取一个平面"单击"确定"按钮,拾取参照标高上部的参照平面为工作平面,出现"转到视图"的对话框,选择"楼层平面:参照标高",单击"打开视图",进入参照标高视图。

步骤 3: 绘制索塔的横截面。

创建矩形截面,纵桥向为 2m,桥梁横断面方向为 1.5m。运用"移动"命令将矩形的中心与参照线的中心重合。如图 9-9 所示。

步骤 4: 运用拉伸命令创建索塔。

学习单元九　创建斜拉桥　101

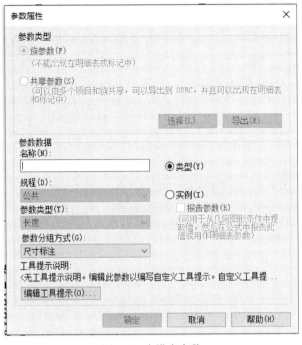

图 9-8　索塔高参数

（1）单击"创建"选项卡下的"形状"面板中的"拉伸"按钮，进入"修改—创建拉伸"选项卡，在"绘制"面板中选择"拾取线"，将矩形轮廓线选中，单击"完成"。

（2）双击进入前立面视图，选中索塔构件，通过下操作纵柄将索塔下部拉伸到参照标高上，并将其锁定，通过上操作纵柄将索塔的上部拉伸到上部参照平面，并锁定。完成索塔模型，如图 9-10 所示。

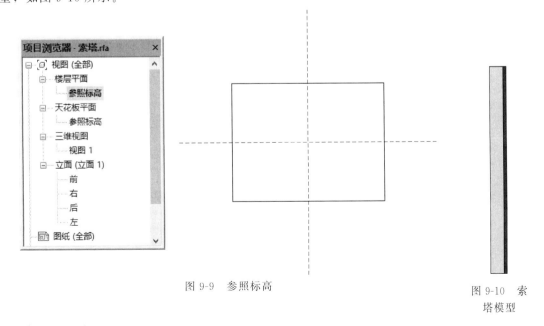

图 9-9　参照标高　　　　　　　　　　　　　　　　　图 9-10　索塔模型

步骤5：索塔材质设置。

在三维视图中选中"索塔"，单击"属性"面板中的"族类型"按钮，在出现族类型对话框中，单击"材质和装饰"栏的"材质"的"…"按钮，如图 9-10～图 9-12 所示。在弹出的对话框中选择材质。

(a) 属性

(b) 材质编辑

图 9-11　属性及材质属性

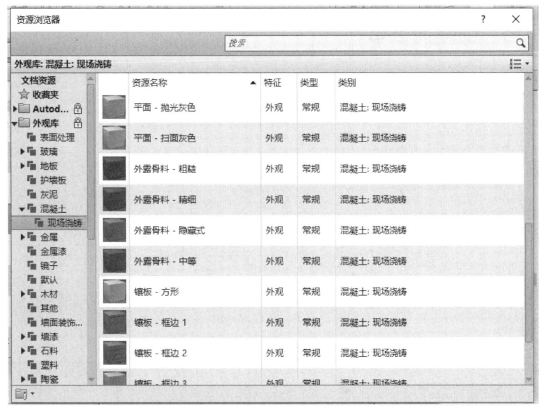

图 9-12　材质

步骤 6：将索塔族保存并载入到项目中，在项目中，基于轴网放置索塔。

（1）单击"创建"选项卡下"族编辑器"面板中的"载入到项目"按钮，将索塔族文件载入到"斜拉桥 z7 模型"项目文件。

（2）在项目浏览器→结构平面中，选择"桥面"平面。作为放置高度。

（3）选择主跨 60m 跨径两端索塔中心点处，放置索塔。点击修改确定。

（4）由于设计图纸中，一个索塔的高度为 26.5m，一个索塔的高度为 18m。故对索塔的竖向进行修改。

（5）点击左侧索塔，单击"建筑"→"属性"→"类型属性"，在弹出的对话框中修改尺寸标注，如图 9-13 所示，"索塔高"＝26.5m。采用相同的方法修改右侧索塔高度为 18m。

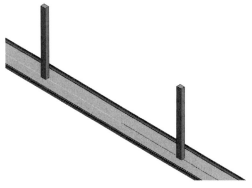

图 9-13　修改索塔高

9.5 创建薄壁墩

步骤1： 创建轮廓族文件。

(1) 单击 → "新建" → "族"。

(2) 打开 "新族" → "选择样板文件" 对话框，选择 "公制轮廓.rft" 为族样板文件。单击 "打开" 进入族编辑状态。

(3) 修改族文件的单位，将单位设置为 m，保留 2 位小数。

(4) 保存文件，将文件名命名为 "薄壁墩轮廓"。

步骤2： 导入薄壁墩 CAD 图纸。

(1) 将斜拉桥薄壁墩的图纸进行修订，为一个闭合轮廓，如图 9-14 所示。

(2) 单击 "插入" 选项卡下 "导入" 面板中的 "导入 CAD" 按钮，弹出 "导入 CAD" 格式对话框，导入单位选择为 "mm"，定位选择为 "自动—中心到中心"。

(3) 调整导入薄壁墩的位置，运用 "移动命令"，使薄壁墩顶中心线的位置与参照中心点重合。

(4) 保存薄壁墩族文件，保存为薄壁墩轮廓.rfa。

(5) 单击 "建筑" 选项卡下 "族编辑器" 面板中的 "载入到项目" 按钮，将主梁族文件载入到 "斜拉桥 z7 模型" 项目文件。

步骤3： 在项目中建立薄壁桥墩顶标高。

(1) 在项目快捷菜单中，用 "剖面" 命令 在主塔处建立桥梁横断面剖面，命名为 "主塔剖面"。如图 9-15 所示。

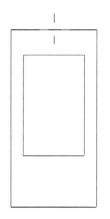

图 9-14 斜拉桥薄壁墩的闭合轮廓

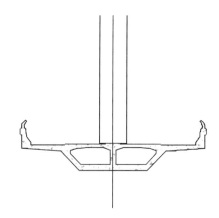

图 9-15 主塔剖面

(2) 在箱梁底部建立薄壁桥墩顶面标高线。点击 "建筑" → "基准" 选项卡上的建立 "标高" 命令 ，在 "修改—放置标高" → 绘制选项卡中，选择拾取线命令。选择箱梁底部线。建立标高如图 9-16 所示，并将标高重命名为 "薄壁桥墩顶标高"。

步骤4： 采用内建常规模型，用放样的方式在项目中生成薄壁墩。

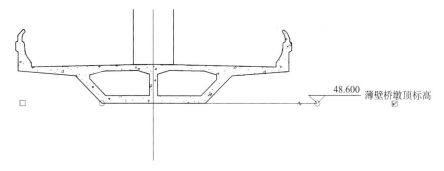

图 9-16 薄壁桥墩顶标高

（1）单击"建筑"选项卡下"构建"面板中的"构建"下的"内建模型"按钮。

（2）在弹出的"组类别和族参数"对话框中，选择"常规模型"。

（3）在弹出的"名称"对话框中，填写"薄壁墩"。

（4）在项目浏览器中，选择"三维视图"。

（5）单击"建筑"选项卡下"形状"面板中的"放样"按钮。

（6）单击"修改—放样"选项卡下"放样"面板中的"绘制路径" 按钮。

（7）单击"修改—放样＞绘制路径"选项卡下"绘制"面板中的"绘制线"按钮。

（8）在"薄壁桥墩顶标高"结构平面中，薄壁墩处沿桥梁纵向绘制 2m 的线作为放样的路径。如图 9-17 所示。

（9）功能区单击"√"工具，完成放样路径的拾取。

（10）单击"修改—放样"选项卡下"放样"面板中的"选择轮廓"按钮。在下拉菜单中，选取薄壁墩轮廓。

（11）功能区单击"√"工具，完成放样。

（12）在桥塔剖面中，检查薄壁墩位置，可通过薄壁墩属性中 X、Y 坐标的偏差调整薄壁墩的位置。调整后如图 9-18 所示。

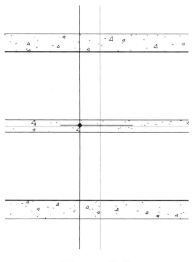

图 9-17 放样

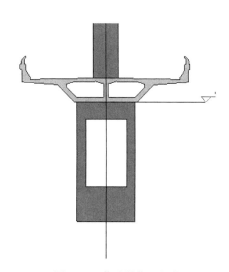

图 9-18 薄壁墩位置调整

9.6 创建承台及基础

步骤1： 建立承台"公制常规模型"族文件。

(1) 单击 →"新建"→"族"。

(2) 打开"新族"→"选择样板文件"对话框，选择"公制常规模型.rft"为族样板文件。单击"打开"进入族编辑状态。

(3) 修改族文件的单位，将单位设置为 m，保留 2 位小数。

(4) 将该族文件保存为"承台.rfa"。

步骤2： 创建参照平面。

(1) 单击项目浏览器立面选项栏中的"前"进入前立面视图。

(2) 单击"创建"选项卡"基准"面板中的"参照平面按钮"。在参照标高的上下分别创造一个平行于参照标高的参照平面。

(3) 选择下部的参照标高，单击"修改—参照平面"选项卡"测量"面板的"对齐尺寸标注"，对参照平面进行尺寸标注，选中尺寸线，在上下文选项卡中标签中添加参数"承台高"，将测量的尺寸修改为"3m"。

(4) 单击"工作平面"面板中的"设置"按钮，出现工作平面设置选项卡，选择"拾取一个平面"单击"确定"按钮，拾取参照标高上部的参照平面为工作平面，出现"转到视图"的对话框，选择"楼层平面：参照标高"，单击"打开视图"，进入参照标高视图。

步骤3： 绘制承台的横截面。

创建矩形截面，纵桥向为 6.4m，桥梁横断面方向为 10.3m。运用"移动"命令将矩形的中心与参照线的中心重合。如图 9-19 所示。

步骤4： 运用拉伸命令创建承台。

(1) 单击"创建"选项卡下的"形状"面板中的"拉伸"按钮，进入"修改—创建拉伸"选项卡，在"绘制"面板中选择"拾取线"，将矩形轮廓线选中，单击"完成"。

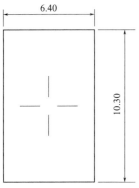

图 9-19 承台的横截面

(2) 双击进入前立面视图，选中承台构件，通过下操作纵柄将索塔下部拉伸到参照标高上，并将其锁定，通过上操作纵柄将索塔的上部拉伸到上部参照平面，并锁定。完成承台模型。

步骤5： 承台材质设置。

在三维视图中选中"承台"，单击"属性"面板中的"族类型"按钮，在出现族类型对话框中，单击"材质和装饰"栏的"材质"的"…"按钮，在弹出的对话框中选择材质。

步骤6： 将承台族保存并载入到项目中，在项目中，基于标高放置 AA 截面承台。

(1) 单击"创建"选项卡下"族编辑器"面板中的"载入到项目"按钮，将索塔族文件载入到"斜拉桥 z7 模型"项目文件。

(2) 进入主塔剖面视图。

(3) 在薄壁桥墩底部建立承台标高线。点击"建筑"→"基准"选项卡上的建立"标高"命令，在"修改—放置标高"→绘制选项卡中，选择拾取线命令。选择薄壁墩底部线。建立标高，并将标高重命名为"承台顶标高"。

(4) 在项目浏览器→结构平面中，选择"承台顶标高"平面。作为放置高度。

(5) 选择索塔中心点处，放置承台。点击修改确定。

(6) 点击承台，单击"建筑"→"属性"→"类型属性"，在弹出的对话框中修改尺寸标注。

(7) 选中承台，点击右键，将偏移量修改为-3m，调整承台的位置。如图9-20所示。

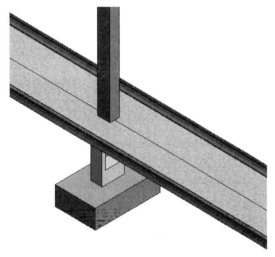

图 9-20 承台位置调整

步骤7：建立基础"公制常规模型"族文件。

(1) 单击 → "新建"→"族"。

(2) 打开"新族"→"选择样板文件"对话框，选择"公制常规模型.rft"为族样板文件。单击"打开"进入族编辑状态。

(3) 修改族文件的单位，将单位设置为m，保留2位小数。

(4) 将该族文件保存为"基础.rfa"。

步骤8：创建参照平面。

(1) 单击项目浏览器立面选项栏中的"前"进入前立面视图。

(2) 单击"创建"选项卡"基准"面板中的"参照平面按钮"。在参照标高的上下分别创造一个平行于参照标高的参照平面。

(3) 选择下部的参照标高，单击"修改—参照平面"选项卡"测量"面板的"对齐尺寸标注"，对参照平面进行尺寸标注，选中尺寸线，在上下文选项卡中标签中添加参数"基础高"，将测量的尺寸修改为"20m"。

(4) 单击"工作平面"面板中的"设置"按钮，出现工作平面设置选项卡，选择"拾取一个平面"单击"确定"按钮，拾取参照标高上部的参照平面为工作平面，出现"转到视图"的对话框，选择"楼层平面：参照标高"，单击"打开视图"，进入参照标高视图。

步骤 9：导入基础 CAD 图纸。

（1）将斜拉桥主跨基础的图纸进行修订，如图 9-21 所示。

（2）单击"插入"选项卡下"导入"面板中的"导入 CAD"按钮，弹出"导入 CAD"格式对话框，导入单位选择为"mm"，定位选择为"自动—中心到中心"。如下图所示。

（3）调整导入基础的位置，运用"移动命令"，使 6 个圆柱形基础的中心的位置与参照中心点重合。如图 9-22 所示。

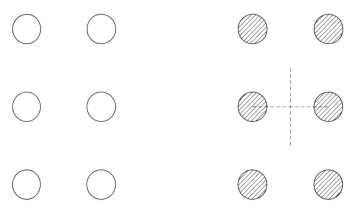

图 9-21　斜拉桥主跨基础　　　　图 9-22　斜拉桥主跨基础位置的修改

步骤 10：运用拉伸命令创建基础。

（1）单击"创建"选项卡下的"形状"面板中的"拉伸"按钮，进入"修改—创建拉伸"选项卡，在"绘制"面板中选择"拾取线"，将基础轮廓线选中，单击"完成"。

（2）双击进入前立面视图，选中基础构件，通过下操作纵柄将索塔下部拉伸到参照标高上，并将其锁定，通过上操作纵柄将索塔的上部拉伸到上部参照平面，并锁定。完成基础模型。

步骤 11：基础材质设置。

在三维视图中选中"基础"，单击"属性"面板中的"族类型"按钮，在出现族类型对话框中，单击"材质和装饰"栏的"材质"的"…"按钮，在弹出的对话框中选择材质。

步骤 12：将基础族保存并载入到项目中，在项目中，基于标高放置基础。

（1）单击"创建"选项卡下"族编辑器"面板中的"载入到项目"按钮，将索塔族文件载入到"斜拉桥 z7 模型"项目文件。

（2）进入主塔剖面视图。

（3）在承台底部建立基础标高线。点击"建筑"→"基准"选项卡上的建立"标高"命令，在"修改—放置标高"→绘制选项卡中，选择拾取线命令。选择承台底部线。建立标高，并将标高重命名为"基础顶标高"。

（4）在项目浏览器→结构平面中，选择"基础顶标高"平面。作为放置高度。

（5）选择索塔中心点处，放置基础。点击修改确定。

（6）点击基础，单击"建筑"→"属性"→"类型属性"，在弹出的对话框中修改尺寸标注。

(7) 选中基础,点击右键,将偏移量修改为-28m,调整承台的位置。

步骤 13: 复制薄壁墩、承台、基础到 BB 截面。

运用复制命令,建立 BB 截面的桥墩、承台及基础部分,如图 9-23 所示。

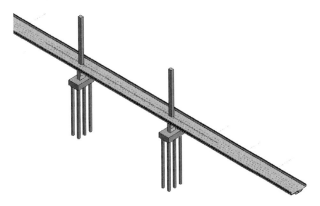

图 9-23　BB 截面的桥墩、承台及基础部分

9.7　创建 DD 截面支座

步骤 1: 创建轮廓族文件。

(1) 单击 ![] → "新建" → "族"。

(2) 打开"新族" → "选择样板文件"对话框,选择"公制轮廓.rft"为族样板文件。单击"打开"进入族编辑状态。

(3) 修改族文件的单位,将单位设置为 m,保留 2 位小数。

(4) 保存文件,将文件名命名为"DD 截面支座"。

步骤 2: 绘制支座截面图。

(1) 创建矩形截面,纵桥向为 1m,桥梁横断面方向为 1m。运用"移动"命令将矩形的中心与参照线的中心重合。

(2) 调整矩形支座的位置,运用"移动命令",使支座顶端中心线的位置与参照中心点重合。

(3) 保存族文件,保存为 DD 截面支座.rfa。

(4) 单击"建筑"选项卡下"族编辑器"面板中的"载入到项目"按钮,将支座族文件载入到"斜拉桥 z7 模型"项目文件。

步骤 3: 在项目中建 DD 截面支座顶标高。

(1) 在项目快捷菜单中,用"剖面"命令 ![] 在 DD 截面处建立桥梁横断面剖面,命名为"DD 剖面"。如图 9-24 所示。

(2) 在箱梁底部建立支座顶标高线。点击"建筑" → "基准"选项卡上的建立"标高"命令,在"修改—放置标高" → 绘制选项卡中,选择拾取线命令。选择箱梁底部线。建立标高如图 9-25 所示,并将标高重命名为"DD 截面支座顶标高"。

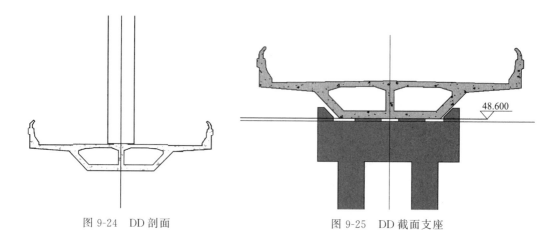

图 9-24　DD 剖面　　　　　　　图 9-25　DD 截面支座

步骤 4：采用内建常规模型，用放样的方式在项目中生成 DD 截面支座。
(1) 单击"建筑"选项卡下"构建"面板中的"构建"下的"内建模型"按钮。
(2) 在弹出的"组类别和族参数"对话框中，选择"常规模型"。
(3) 在弹出的"名称"对话框中，填写"支座"。
(4) 在项目浏览器中，选择"三维视图"。
(5) 单击"建筑"选项卡下"形状"面板中的"放样"按钮。
(6) 单击"修改—放样"选项卡下"放样"面板中的"绘制路径" 按钮。
(7) 单击"修改—放样＞绘制路径"选项卡下"绘制"面板中的"绘制线"按钮。
(8) 在"DD 截面支座顶标高"结构平面中，DD 截面桥墩处沿桥梁纵向绘制 2m 的线作为放样的路径。如图 9-25 所示。
(9) 功能区单击"√"工具，完成放样路径的拾取。
(10) 单击"修改—放样"选项卡下"放样"面板中的"选择轮廓"按钮。在下拉菜单中，选取 DD 截面支座轮廓。
(11) 功能区单击"√"工具，完成放样。
(12) 在桥塔剖面中，检查 DD 截面支座位置，可通过支座属性中 X、Y 坐标的偏差调整位置。

9.8　创建 DD 截面桥墩、承台及基础

步骤 1：创建轮廓族文件。
(1) 单击 → "新建" → "族"。
(2) 打开"新族" → "选择样板文件"对话框，选择"公制轮廓.rft"为族样板文件。单击"打开"进入族编辑状态。
(3) 修改族文件的单位，将单位设置为 m，保留 2 位小数。
(4) 保存文件，将文件名命名为"DD 截面桥墩"。

步骤 2：导入 DD 截面桥墩 CAD 图纸。
(1) 将斜拉桥 DD 截面桥墩的图纸进行修订，为一个闭合轮廓，如图 9-26 所示。

（2）单击"插入"选项卡下"导入"面板中的"导入CAD"按钮，弹出"导入CAD"格式对话框，导入单位选择为"mm"，定位选择为"自动—中心到中心"。

（3）调整导入DD截面桥墩的位置，运用"移动命令"，使DD截面桥墩盖梁顶端中心线的位置与参照中心点重合。

（4）保存DD截面桥墩族文件，保存为DD截面桥墩.rfa。

（5）单击"建筑"选项卡下"族编辑器"面板中的"载入到项目"按钮，将主梁族文件载入到"斜拉桥z7模型"项目文件。

步骤3：在项目中建DD截面桥墩顶标高。

（1）在项目快捷菜单中，用"剖面"命令 ▶ 在DD截面处建立桥梁横断面剖面，命名为"DD剖面"。如下图所示。

（2）在支座底部建立薄壁桥墩顶面标高线。点击"建筑"→"基准"选项卡上的建立"标高"命令，在"修改—放置标高"→绘制选项卡中，选择拾取线命令。选择支座底部线。建立标高如下图所示，并将标高重命名为"DD截面桥墩顶标高"。

步骤4：采用内建常规模型，用放样的方式在项目中生成DD截面桥墩。

（1）单击"建筑"选项卡下"构建"面板中的"构建"下的"内建模型"按钮。

（2）在弹出的"组类别和族参数"对话框中，选择"常规模型"。

（3）在弹出的"名称"对话框中，填写"薄壁墩"。

（4）在项目浏览器中，选择"三维视图"。

（5）单击"建筑"选项卡下"形状"面板中的"放样"按钮。

（6）单击"修改—放样"选项卡下"放样"面板中的"绘制路径" 按钮。

（7）单击"修改—放样＞绘制路径"选项卡下"绘制"面板中的"绘制线"按钮。

（8）在"DD截面桥墩顶标高"结构平面中，DD截面桥墩处沿桥梁纵向绘制2m的线作为放样的路径。如图9-27所示。

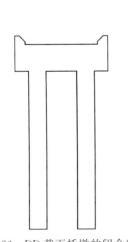

图9-26 DD截面桥墩的闭合轮廓

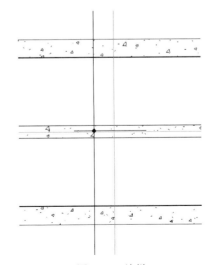

图9-27 放样

（9）功能区单击"√"工具，完成放样路径的拾取。

（10）单击"修改—放样"选项卡下"放样"面板中的"选择轮廓"按钮。在下拉菜单中,选取 DD 截面桥墩轮廓。

(11) 功能区单击"√"工具,完成放样。

(12) 在桥塔剖面中,检查 DD 截面桥墩位置,可通过桥墩属性中 X、Y 坐标的偏差调整位置。调整后如图 9-28 所示。

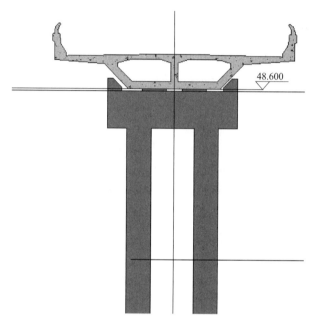

图 9-28 DD 截面桥墩位置调整

步骤 5: 与主跨同理建立 DD 截面承台、基础。

建立模型如图 9-29 所示。

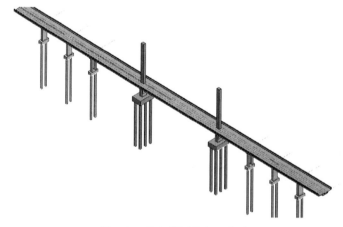

图 9-29 DD 截面承台、基础

9.9 创建桥台

用"结构框架"族样板来建立斜拉桥两端的"台帽族"。用"结构框架"族样板来建立斜拉桥两端的"耳墙族"。用"结构框架"族样板来建立斜拉桥两端的"桥梁搭板族"。构建的模型如图 9-30 所示。

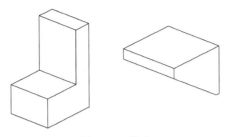

图 9-30 模型

（1）根据项目图纸修改桥台、耳墙、搭板的尺寸，如图 9-31 所示。

图 9-31 尺寸

（2）将桥台族载入到项目中。
（3）在对应标高中放置桥台族。

9.10 创建斜拉索族

步骤 1： 用自适应族来建立"拉索"族。

自适应族是 Revit 中非常重要的一种"族"，复杂形体都需要依靠它来实现参数化的几何形体建模。

（1）单击 → "新建" → "族"。
（2）打开"新族" → "选择样板文件"对话框，选择"自适应公制常规模型.rft"为族样板文件。单击"打开"进入族编辑状态。
（3）修改族文件的单位，将单位设置为 m，保留 2 位小数。桥台族如图 9-32 所示。

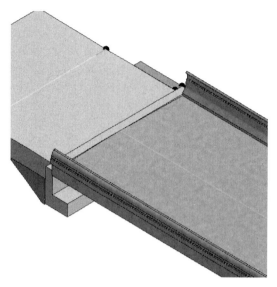

图 9-32 桥台族

步骤 2: 用自适应族来建立"拉索"族。

(1) 点击"创建"→"绘制"选项卡中→绘制"参照点"命令,在绘制面板中绘制两个点,如图 9-33 所示。

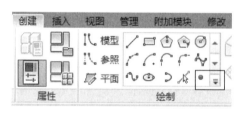

图 9-33 参照点

(2) 选中两个点使自适应,如图 9-34 所示。

图 9-34 选择点使自适应

选中自适应点→绘制圆→设置工作平面→设置圆半径,如图 9-35 所示。

图 9-35 设置圆半径

步骤3： 建立拉索线的自适应族。

在索塔部分建立横向剖面→绘制模型线→拾取一个平面→在塔柱部分绘制两条对称的布置拉索的线。

新建自适应族→创建两个参照点→选择两点→使自适应→创建样条曲线→分割路径→选择数量10→修改→载入到项目。将自适应拉索线应用到塔柱上绘制的两条对称的线上。

步骤4： 在主梁部分设置拉索线。斜拉桥的拉索将桥梁与索塔相连，需要在桥梁和索塔上都分布有节点，用来控制拉索的位置。拉索线就是用来控制拉索的位置的，在主梁上绘制辅助线，用来定位拉索。

视图→结构平面→索塔顶标高→拾取桥梁栏杆部分的平面→在两侧栏杆处绘制一条线。

将建立的"拉索线"自适应族附着在辅助线上。点击族中的拉索线，在屏幕中选择起终点建立拉索线。

步骤5： 用"拉索"关键节点。

选择族中的拉索→连接两个关键节点建立斜拉桥拉索。

步骤6： 调整地形，使索塔和桥台的基础显现出来，标注索塔和桥台基础高程。

步骤7： 明细表中累出斜拉桥各个结构的体积，工程量统计。

学习单元十

工程量统计

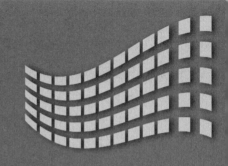

项目十 桥梁项目工程量统计

项目引入 在桥梁项目的设计阶段，对于桥梁结构材料的工程量统计是设计中经常要完成的任务，在施工阶段，进行材料的成本控制也需要工程量统计。本项目通过对桥梁模型进行统计分析，能快速地完成项目工程量统计工作。

学习内容 任务一：能创建实例明细表
任务二：能利用明细表进行工程量统计

学习目标 知识目标：掌握明细表的创建方法
能力目标：能够独立进行项目混凝土数量的统计
素质目标：培养和提高学生的团队协作精神

10.1 预备知识

（1）添加明细表。

在项目中点击"视图"→"视口"，选择需要的明细表或在项目浏览器中直接将明细表拖拽到图纸中。

将明细表放置到图纸上之后，可以对其进行修改。在图纸视图中，在明细表上单击鼠标右键，然后单击"编辑明细表"。此时显示明细表视图然后可以编辑明细表的单元了，也可以在图纸上旋转明细表。

（2）设置明细表格式。

修改控制图纸上明细表显示的属性，包括网格线和文字属性。

以下步骤假定已在项目中添加了图纸，并已将明细表放置到了图纸上。

在项目浏览器的"明细表/数量"下,单击明细表名称。

在"属性"选项板上,单击"外观"对应的"编辑"。

在"明细表属性"对话框的"外观"选项卡上,根据需要定义设置。"外观"选项仅影响明细表在图纸上的显示。该选项不会影响在明细表视图中的显示。

单击"确定"。打开图纸,查看结果。

(3) 拆分明细表。

将明细表放置到图纸上时,可以将明细表拆分为 2 个或更多分段以适合图纸上的空间。当在多个图纸中放置明细表时,可采用过滤器分段显示。

(4) 移动、合并、调整明细表。

移动明细表,在拆分明细表后,您可以将各个部分拖动到图纸上的新位置。在图纸上选择明细表分段。单击位于明细表分段中心的蓝色箭头控制柄,然后将其拖曳到图纸上的一个新位置。

合并明细表,将明细表分段与前一个或后一个分段合并在一起。可以在图纸上重新连接拆分的明细表的各个分段。当您选择图纸上的明细表时,明细表各部分的左上角会显示四向箭头控制柄。使用此箭头控制柄可将明细表的某个分段拖放到另一个分段上以连接它们。明细表分段是连续的:可以将某个分段与其前一个或后一个分段连接起来。例如,如果将明细表拆分成 4 个分段,您可以重新连接分段 2 和分段 1,或重新连接分段 2 和分段 3。

重新连接明细表分段,在拆分明细表所在的图纸上,选择明细表。使用四向箭头控制柄可将一个明细表分段拖曳到另一个明细表分段上。松开鼠标键。拆分的明细表分段会重新连接成一个分段。

调整明细表,就像在电子表格中,可以移动列边界以处理一列容纳不下的文字。将明细表放置到图纸上时,在一列中容纳不下的文字会换到新行。要调整列宽,请选择明细表。一个蓝色三角形会显示在每一列的右上角。向左或向右拖曳蓝色三角形。

(5) 修改带图像的明细表。

可以在图纸上的明细表视口中调整列宽和行高,以优化图像显示。在将图像列/字段添加到明细表中时,列宽会设置为默认列宽值。

在图纸上放置明细表时,图像显示会进行缩放以匹配列宽(图像的纵横比保持不变)。选择图纸上的明细表视口以进行更改。

若要调整带图像的列,拖动列宽控制柄(蓝色三角形),图像会调整大小以匹配新的列宽,同时纵横比保持不变。如果之前没有使用"调整大小"工具指定自定义行高,那么列宽更改时行高可能也会更改。(请参见下面的"指定所有包含图像的行的高度"。)如果更改了布局,可能需要修改图纸上视口的放置。明细表视图中的列宽会自动更新以反映视口中的更改。

若要将图像恢复为原始尺寸,请选择明细表视口,然后单击"修改—明细表图形"选项卡→"图像"面板→ ![] (恢复尺寸)。明细表中的所有图像会按其导入时的原始尺寸显示。列宽等于图像的最大宽度,行高具体取决于图像的高度。可能需要调整图纸上的明细表放置以在图纸上的明细表,以适应柱/高度的更改。

若要指定所有包含图像的行的高度,请选择明细表视口,然后单击"修改—明细表图形"选项卡→"图像"面板→ ![] (调整大小)。在"尺寸"字段中,指定行高度,然后单击"确定"。行高度保持不变,即使直接修改列宽度。图像行高为指定的固定高度值,除非使用"恢复尺寸"工具将其恢复至原始尺寸,或再次使用"调整大小工具"来指定新的高度值。

(6)明细表中显示垂直标题。

将单个列标题的方向从水平调整为垂直。将明细表放置到图纸上时,可以指定一个或多个列标题以垂直方式(而非水平方式)显示。

以下步骤假定已在项目中添加图纸,已创建明细表,且已将明细表放置到图纸上。为图纸上的明细表显示垂直列标题

在项目浏览器的"明细表/数量"下,单击明细表名称。在"属性"选项板上,单击"格式"对应的"编辑"。对于要在图纸中以垂直方式显示其列标题的每个字段,请执行下列操作:在"明细表属性"对话框的"格式"选项卡上,在"字段"下,选择该字段。选择"垂直"作为"标题方向"。此设置仅影响图纸上的列标题。此设置不会影响列标题在明细表视图中的显示。单击"确定"。打开图纸,查看结果。在明细表中,所选字段的列标题会以垂直方式显示而不是以水平方式显示。

10.2 如何进行 T 梁工程量统计

步骤 1: 打开前面章节建立的 T 梁项目,然后新建【剖面】,不显示屋顶,设置剖面详图的比例(图 10-1)。

图 10-1 剖面

步骤2：【视图】→【明细表】，统计工程量（图10-2～图10-6）。

图10-2　明细表

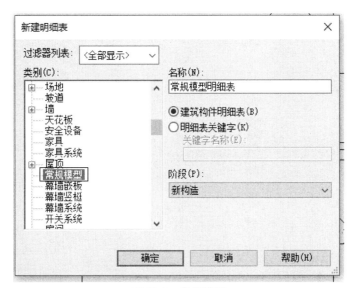

图10-3　常规模型

图10-4　明细表属性

图 10-5 常规模型明细表

图 10-6 统计工程量

学习单元十一

Navisworks 基础操作

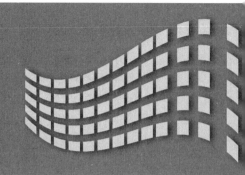

项目十一 Navisworks 基础操作

项目引入 在前面章节中,主要是应用 Revit 软件进行桥梁建模,在设计阶段构建三维模型,优化设计。如何将这个三维模型应用到施工阶段,通过 Navisworks 软件可以进行施工阶段的控制。

学习内容
任务一:能用 Navisworks 软件打开 Revit 文件
任务二:新建 Navisworks 文件

学习目标
知识目标:了解 Navisworks 的软件界面
能力目标:能够独立进行 Navisworks 基础操作
素质目标:培养和提高学生的团队协作精神

11.1 Navisworks 软件简介

Autodesk Navisworks 软件能够将 AutoCAD 和 Revit 系列等应用创建的设计数据,与来自其他设计工具的几何图形和信息相结合,将其作为整体的三维项目,通过多种文件格式进行实时审阅,而无需考虑文件的大小。Navisworks 软件产品可以帮助所有相关方将项目作为一个整体来看待,从而优化从设计决策、建筑实施、性能预测和规划直至设施管理和运营等各个环节。

Autodesk&reg,Navisworks&reg,Manage 软件是设计和施工管理专业人员使用的一款全面审阅解决方案,用于保证项目顺利进行。Navisworks Manage 将精确的错误查找和冲突管理功能与动态的四维项目进度仿真和照片级可视化功能完美结合。Autodesk Navisworks 软件能够精确地再现设计意图,制定准确的四维施工进度表,超前实现施工项目的可视化。在实际动工前,就可以在真实的环境中体验所设计的项目,更加全面地评估和验证所用材质和纹理是否符合设计意图。Autodesk Navisworks 软件支持实现整个项目的实时可视化,审阅各种格式的文件,而无需考虑文件大小。

通过将 Autodesk Navisworks Review 与 Autodesk Navisworks Simulate 软件中的功能与强大的冲突检测功能相结合,Autodesk Navisworks Manage 为施工项目提供了最全面的 Navisworks 审阅解决方案。Navisworks Manage 可以提高施工文档的一致性、协调性、准确性,简化贯穿企业与团队的整个工作流程,帮助减少浪费、提升效率,同时显著减少设计变更。

Navisworks Manage 可以实现实时的可视化,支持漫游并探索复杂的三维模型以及其中包含的所有项目信息,而无需预编程的动画或先进的硬件。通过对三维项目模型中潜在冲突进行有效的辨别、检查与报告,Navisworks Manage 能够减少错误频出的手动检查。Navisworks Manage 支持用户检查时间与空间是否协调,改进场地与工作流程规划。通过对三维设计的高效分析与协调,用户能够进行更好的控制,做到高枕无忧。及早预测和发现错误,则可以避免因误算造成的昂贵代价。该软件可以将多种格式的三维数据,无论文件的大小,合并为一个完整、真实的建筑信息模型,以便查看与分析所有数据信息。

Autodesk Navisworks Manage 将精确的错误查找功能与基于硬冲突、软冲突、净空冲突与时间冲突的管理相结合。快速审阅和反复检查由多种三维设计软件创建的几何图元。对项目中发现的所有冲突进行完整记录。检查时间与空间是否协调,在规划阶段消除工作流程中的问题。基于点与线的冲突分析功能则便于工程师将激光扫描的竣工环境与实际模型相协调。

11.2 工作界面介绍

工作界面如图 11-1 所示。

图 11-1 工作界面

11.3　启动和退出 Autodesk Navisworks

要启动 Autodesk Navisworks，请从 Windows 桌面执行下列操作之一。

双击 Autodesk Navisworks 图标，或单击"开始"→"所有程序"→"Autodesk"→Navisworks Manage 2016→Manage 2016。

要退出 Autodesk Navisworks，请单击应用程序按钮。在应用程序菜单底部，单击"退出 Autodesk Navisworks"。

如果未对当前项目做过更改，则该项目将关闭，且 Autodesk Navisworks 将退出。

如果对当前项目做过更改，则会提示我们保存更改。要保存对项目的更改，请单击"是"。要继续退出并放弃更改，请单击"否"。要返回到 Autodesk Navisworks，请单击"取消"。

11.4　Revit 与 Navisworks 的对接

Revit 文件导出器：Autodesk Navisworks 无法直接读取原生 Revit 文件。使用文件导出器以 NWC 格式保存文件，可以在 Navisworks 中打开这些文件。

从 Revit 中导出 NWC 文件的步骤：

（1）在 Revit 中，单击"工具"→"外部工具"→"Navisworks 2011"。

【注意】该选项在演示/观察器模式下不可用。如果未处于演示模式下，但无法访问 Navisworks 菜单，请检查是否将编辑视图设置为"正常"，以及是否选择了修改工具（"编辑"→"修改"）。

（2）在"将场景导出为"对话框中，输入 Navisworks 文件的名称，然后浏览到所需的存储位置。

（3）单击"保存"导出文件，或单击"取消"返回到应用程序而不导出该文件。

调整 Revit 文件导出器的选项的步骤：

（1）在 Revit 中，单击"工具"→"外部工具"→"Navisworks 2011"。

（2）在"将场景导出为"对话框中，单击"Navisworks 设置"按钮。

（3）展开"选项编辑器"中的"文件导出器"节点，然后单击"Revit"页面。使用该页面上的选项调整设置，以便将来从 NWC 导出 NWC 文件。

（4）单击"确定"保存更改，然后返回到"将场景导出为"对话框。

（5）单击"取消"关闭该对话框。

11.5　打开及创建文件

要在 Autodesk Navisworks 中打开文件，可以使用标准"打开"对话框，或将文件直接拖放到"选择树"窗口中。Autodesk Navisworks 保存最近打开文件的列表。可以通过单击应用程序按钮打开其中任一文件。如果需要修改此列表的大小，请使用"选项编辑器"。可以使用 Shift 和 Ctrl 键同时打开多个文件。这将自动创建一个将选定文件附加到一起的新"无标题"Autodesk Navisworks 文件。对于 NWD 文件，可以将其发布到 Web 服务器，然后直接从 Autodesk Navisworks 中将其打开。甚至可以在完全下载文件之前开始导航模型。要开始导航，下载达到 10%～50% 通常就足够了。模型的层次结构越大，就越需要接近 50% 下载。同样，模型的层次结构越小，就可以更快地开始导航。

打开文件的步骤：

(1) 单击应用程序按钮→"打开"→"打开"。

(2) 在"打开"对话框中，使用"文件类型"框选择适当的文件类型，然后导航到文件所在的文件夹。

(3) 选择该文件，并单击"打开"。

创建文件：启动 Autodesk Navisworks 时，会自动创建一个新的"无标题"AutodeskNavisworks 文件。新文件使用"选项编辑器"和"文件选项"对话框中定义的默认设置。可以在必要时自定义这些设置。如果已打开某个 Autodesk Navisworks 文件，并希望关闭它并创建另一个文件，请单击快速访问工具栏上的"新建"。

11.6 保存和重命名文件

保存 Autodesk Navisworks 文件时，可以在 NWD 和 NWF 文件格式之间进行选择。通常情况下，请使用 NWF 文件格式保存那些通过将所有模型文件整合到一起创建的场景，而只需要当前工作的快照时，请使用 NWD 文件格式。这两个格式均存储审阅标记，但 NWD 文件存储文件几何图形，而 NWF 文件存储指向原始文件的链接。这使 NWF 文件的大小非常小。此外，在打开 NWF 文件时，Autodesk Navisworks 会自动重新载入所有已修改的参照文件，这意味着几何图形始终最新，即使对于最复杂的模型也是如此。另一方面，每当需要与其他人共享创建的场景并审阅标记时，最好分发已发布的 NWD 文件，其中包含其他功能，如密码保护和文件到期日期。发布的文件可以在 Autodesk Navisworks Manage 2016 和 Autodesk Navisworks Freedom 2016 中进行查看。

保存文件的步骤：

(1) 在快速访问工具栏中单击"保存"。如果先前已保存文件，AutodeskNavisworks 将使用新数据覆盖该文件。

(2) 如果先前未保存该文件，将打开"另存为"对话框。

发布 NWD 文件的步骤：

(1) 打开要发布的文件（NWD 或 NWF）

(2) 单击"应用程序"按钮→"发布"。

(3) 使用"发布"对话框输入文档信息，并指定所需的文档保护。此对话框中的文本框最多可记住最后五个条目的历史记录。单击文本框最右端的下箭头可选择某个条目而不是重新键入它。

(4) 单击"确定"。

(5) 在"另存为"对话框中，输入文件名，并指定文件位置。

(6) 单击"保存"。我们的文件现已发布。

学习单元十二

利用 Navisworks 进行桥梁项目渲染

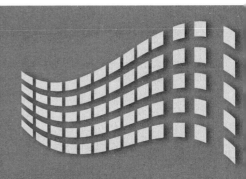

项目十二 Navisworks 进行桥梁项目渲染

项目引入 在构建好的三维桥梁模型基础上，可对模型进行材质、贴图的处理。在场景中使用各种灯光，设置摄像头，使模型的效果更逼真，更好地为施工方、业主方服务。

学习内容 任务一：能设置模型的背景效果
任务二：进行桥梁模型材质调整
任务三：进行桥梁模型渲染

学习目标 知识目标：掌握设置单色背景的步骤
掌握模型材质调整的方法
能力目标：能够独立进行桥梁模型的渲染
素质目标：培养学生的艺术感、空间感和运动感

  T 梁桥渲染过程如下。在 Autodesk Navisworks 中，可以选择要在"场景视图"中使用的效果。当前，提供了下列选项。
  （1）单色—三维场景的背景使用选定的颜色填充。这是默认的背景样式。
  （2）渐变—三维场景的背景使用在两个选定颜色之间的平滑渐变填充。
  （3）地平线—三维场景的背景在地平面分开，从而生成天空和地面的效果。生成的仿真地平仪可指示您在三维世界中的方向。默认情况下，仿真地平仪将遵守在"文件选项"→"方向"中设置的世界矢量。

【注意】仿真地平仪是一种背景效果，不包含实际地平面。因此，举个例子而言，如果"在地面下"导航并仰视，将看不到地平面的后面，而将从下面看到模型和使用天空颜色填充的背景。

设置单色背景的步骤：
（1）单击"查看"→"场景视图"→"背景"。
（2）在"背景设置"对话框中，从"模式"下拉列表中选择"单色"。
（3）从"颜色"调色板中选择所需的颜色。
（4）在预览框中查看新的背景效果，然后单击"确定"。

设置渐变背景的步骤：
（1）单击"查看"→"场景视图"→"背景"。
（2）在"背景设置"对话框中，从"模式"下拉列表中选择"渐变"。
（3）从"顶部颜色"调色板中选择第一种颜色。
（4）从"底部颜色"调色板中选择第二种颜色。
（5）在预览框中查看新的背景效果，然后单击"确定"。

设置仿真地平线背景的步骤：
（1）单击"查看"→"场景视图"→"背景"。
（2）在"背景设置"对话框中，从"模式"下拉列表中选择"地平线"。
（3）要设置渐变天空颜色，请使用"天空颜色"和"地平线天空颜色"调色板。
（4）要设置渐变地面颜色，请使用"地平线地面颜色"和"地面颜色"调色板。
（5）在预览框中查看新的背景效果，然后单击"确定"。

背景效果如下图所示。

背景效果图

学习单元十三

利用 Navisworks 进行桥梁施工模拟

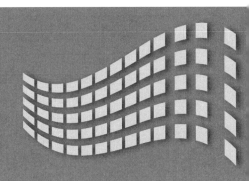

项目十三 Navisworks 进行桥梁施工模拟

项目引入 在施工管理中，为了更好地进行三维的施工技术交底，若能进行模型的施工模拟，对于施工有很大的帮助。本项目是完成桥梁施工的模拟。

学习内容
任务一：构建模板模型
任务二：创建施工交底视频

学习目标
知识目标：掌握模板的建模方法
　　　　　掌握动画的创建方法
能力目标：能够独立进行桥梁施工视频的制作
素质目标：培养学生用 BIM 模型进行桥梁工程管理的能力

施工模拟动画的创建如下所述。

（1）实时创建视点动画的步骤

① 单击"动画"选项卡→"创建"面板→"录制"。

【注意】在"动画"选项卡的最右边将显示"录制"面板。

② 在 Autodesk Navisworks 录制移动的同时在"场景视图"中导航。甚至在导航过程中可以在模型中移动剖面，此移动也会被录制到视点动画中。

③ 在导航过程中，在任意位置单击"动画"此操作将在您移动到新位置时暂停录制选项卡→"录制"面板→"暂停"。要继续录制视点动画，请再次单击"暂停"。

④ 完成之后，请单击"动画"选项卡→"录制"面板→"停止"。

动画会自动保存在"保存的视点"窗口（单击"视图"选项卡→"工作空间"面板→"窗口"下拉菜单→"保存的视点"）。新的视点动画称为"AnimationX"，其中"X"是最新的可用数字。此时可以对该名称进行编辑（如果要亲自对它进行命名）。此视点动画还将成为"动画"选项卡的"回放"面板上的"可用动画"下拉菜单中的当前活动动画。

尽管以上方法对于实时创建快速视点动画很有用，但有时您需要对视点相机进行更进一步的控制。要在 Autodesk Navisworks 中执行此操作，需要设置多个视点，并将其添加到空视点动画中。播放动画时，Autodesk Navisworks 将在这些视点之间插值。

（2）逐帧创建动画的步骤

① 如有必要，请显示"保存的视点"窗口（单击"视图"选项卡→"工作空间"面板→"窗口"下拉菜单→"保存的视点"）。

② 在"保存的视点"窗口上单击鼠标右键，然后选择"添加动画"。

将创建新的视点动画，称为"AnimationX"，其中"X"是最新的可用数字。此时可以对该名称进行编辑（如果要亲自对它进行命名）。因为新的视点动画是空的，所以它旁边将没有加号。

③ 在您打算添加到动画中的模型中，导航到某个位置，然后将新位置另存为一个视点（在"保存的视点"窗口上单击鼠标右键，然后选择"保存视点"）。根据需要重复此步骤。每个视点将变成动画的一个帧。帧越多，视点动画将越平滑，并且可预测性越高。

④ 创建所有所需视点后，请将其拖动到刚刚创建的空视点动画中。可以逐个拖动它们，也可以使用 Ctrl 和 Shift 键盘键选择多个视点，然后一次拖动多个视点。

如果将视点拖动到视点动画图标本身中，这些视点将在动画结束时成为帧，但您可以在扩展动画的任何位置上拖动视点，以将其放到所需的位置。

⑤ 此时，可以使用"动画"选项卡的"回放"面板上的"动画位置"滑块在视点动画中向后和向前移动，以查看它的外观。

⑥ 可以编辑视点动画内部的任何视点，也可以添加更多视点、删除视点、移动视点、添加剪辑及编辑动画本身，直到对视点动画满意为止。

⑦ 创建多个视点动画后，可以将其拖放到主视点动画，以制作更复杂的动画组合，就像将视点作为帧拖放到动画中一样。

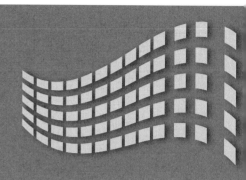

学习单元十四

利用 Navisworks 进行桥梁进度管理

项目 十四　Navisworks 进行桥梁进度管理

项目引入　在设计阶段，建立好桥梁模型后，如何将模型应用到施工中，这是我们急需解决的问题。
本项目将利用 Navisworks 软件，通过建立的桥梁模型对工程进行进度管理。

学习内容　任务一：运用 TimeLiner 工具
任务二：对桥梁项目进行进度管理

学习目标　知识目标：掌握 TimeLiner 工具的应用方法
　　　　　　　掌握进度表与模型的链接方法
能力目标：能够独立运用模型进行桥梁施工进度管理
素质目标：培养学生用 BIM 模型进行桥梁工程管理的能力

14.1 预备知识

14.1.1 剖分

使用 Autodesk Navisworks 可以为当前视点打开剖分并创建模型的横截面。

横截面是三维对象的切除的视图，可用于查看三维对象的内部。通过单击"视点"选项卡→"剖分"面板→"启用剖分"可为当前视点打开和关闭剖分。打开剖分时，会在功能区上自动显示剖分工具上下文选项卡。

"剖分工具"选项卡→"模式"面板中有两种剖分模式:"平面"和"框"。

使用"平面"式最多可在任何平面中生成六个剖面。同时仍能够在场景中导航,无需隐藏任何项目即可查看模型内部。默认情况下,剖面是通过模型可见区域的中心创建的。

为当前视点打开或关闭剖分的步骤:单击"视点"选项卡→"剖分"面板→"启用剖分"工具栏;经典用户界面:"工作空间"→"启用剖分"

14.1.2 通过移动剖面框来捕捉横断面切割的步骤

(1) 如果"动画制作工具"窗口尚未打开,请单击"动画"选项卡→"创建"面板→"动画制作工具"。

(2) 在"Animator"树视图中选择所需的剖面集。

(3) 单击"视点"选项卡→"剖分"面板→"启用剖分"。

Autodesk Navisworks 将打开功能区上的"剖分工具"选项卡,并在"场景视图"中绘制通过模型的剖面。

(4) 单击"剖分工具"选项卡→"模式"面板→"框"。

(5) 单击"剖分工具"选项卡→"变换"面板,然后单击要使用的剖分小控件(移动、旋转或缩放)。默认情况下,会使用移动小控件。拖动小控件以调整剖面框在"场景视图"中的初始位置。

(6) 单击"动画制作工具"工具栏上的"捕捉关键帧",使用剖面框的初始位置创建关键帧。

(7) 在时间轴视图中,向右移动黑色时间滑块,以设置所需的时间。

(8) 再次使用小控件调整横断面切割的深度。

(9) 要捕捉关键帧中的当前剖面框更改,请单击"动画制作工具"工具栏上的"捕捉关键帧"。

14.1.3 模拟施工进度

使用"TimeLiner"工具可以将三维模型链接到外部施工进度,以进行可视四维规划。

"TimeLiner"工具可以向 Autodesk Navisworks Manage 2011 中添加四维进度模拟。"TimeLiner"从各种来源导入进度。接着可以使用模型中的对象连接进度中的任务以创建四维模拟。这使您能够看到进度在模型上的效果,并将计划日期与实际日期相比较。"TimeLiner"还能够基于模拟的结果导出图像和动画。如果模型或进度更改,"TimeLiner"将自动更新模拟。

14.1.4 TimeLiner 任务

"任务"选项卡可用于创建和编辑任务,将任务附加到几何图形项目,以及验证项目进度。可以调整任务视图。还可以向默认列集中添加新用户列。当创建指向外部项目文件的链接并且这些文件包含的字段多于"TimeLiner"时这将很有用。

14.1.5 移动列的步骤

(1) 打开"TimeLiner"窗口,然后单击"任务"选项卡。

(2) 将鼠标放在要移动的列标题上，然后按鼠标左键。
(3) 将列标题拖动到所需的位置，然后释放鼠标左键。

14.1.6　调整列的大小的步骤

(1) 打开"TimeLiner"窗口，然后单击"任务"选项卡。
(2) 选择要调整其大小的列的列标题右边框处的栅格线。
(3) 向右侧拖动将放大该列，向左侧拖动将缩小该列。

14.1.7　指定排序顺序的步骤

(1) 在要使用的列的标题上单击鼠标右键，然后单击"排序"打开快捷菜单。
(2) 选择"升序"或"降序"以指定排序顺序。

升序排序按照从最小值开始、以最大值结尾的方式（例如：a～z，0～9，星期一～星期五）对列进行排序。降序顺序按照从最大值开始、以最小值结尾的方式对列进行排序。

【注意】如果在"状态"列上选择了排序，则对升序排序而言，将按从早到晚的顺序对活动进行排序，而对于降序而言，将按相反顺序进行排序。

(3) 默认情况下，Autodesk Navisworks 将在排序过程中保留任务层次结构，即，先按容器对任务进行排序，然后按容器内容进行排序。如果要禁用此选项，请在任何列标题上单击鼠标右键，然后单击"排序"→"维持层次"。任务和容器将被视为不相关的项目。

【注意】一次只能对一列进行排序。要更改排序顺序，可以单击所需列的标题而不必使用快捷菜单。这将在升序和降序之间切换排序顺序。

14.1.8　添加用户列的步骤

在"TimeLiner"窗口的"任务"选项卡中，在任何列标题上单击鼠标右键，然后单击快捷菜单上的"添加用户列"。单击十个可用用户字段的某一个，例如，"用户 1"。此时将自定义用户列添加到"TimeLiner"中。默认情况下，它将获得与在快捷菜单上单击的选项相同的名称。在已添加的列上单击鼠标右键，单击"重命名用户列"，然后键入一个新名称，例如"Cost"。

【注意】要用数据填充此列，必须将用户字段（本例中为"用户 1"）映射到每个链接项目文件中的对应数据字段。

14.1.9　删除用户列的步骤

在"TimeLiner"窗口的"任务"选项卡中，在要删除的列的标题上单击鼠标右键。单击快捷菜单上的"删除用户列"。

14.1.10　创建任务

在"TimeLiner"中，可以通过下列方式之一创建任务：
(1) 采用一次一个任务的方式手动创建。
(2) 基于"选择树"或者选择集和搜索集中的对象结构自动创建。
(3) 通过指向外部项目文件的链接自动创建。

【提示】与手动任务（需要将其附加到模型中的几何图形）不同，自动任务在创建后将立即附加到相应的几何图形。

14.1.11 手动添加任务的步骤

（1）将模型载入到 Autodesk Navisworks 中。

（2）单击"常用"选项卡→"工具"面板＞"TimeLiner"，然后单击"TimeLiner"窗口中的"任务"选项卡。

（3）在任务视图中的任何位置上单击鼠标右键，然后单击快捷菜单上的"添加任务"。

（4）输入任务名称，然后按 Enter 键。此时将该任务添加到进度中。

【注意】系统为添加的任务自动指定了可以修改的"实际开始日期"和"结束日期"（默认情况下使用当前系统日期）。如果需要，还可以为任务指定计划的开始日期和结束日期。

14.1.12 基于选择树结构添加任务的步骤

（1）如果尚未打开"TimeLiner"窗。请单击"常用"选项卡→"工具"面板→"TimeLiner"。

（2）在"TimeLiner"窗口的"任务"选项卡中，在任务视图中单击鼠标右键，然后单击快捷菜单上的"工具"。

（3）如果要创建与选择树中的每个最顶层同名的任务，请单击"为每个最高层添加已命名的任务"。如果要创建与选择树中的每个最顶部项目同名的任务，请单击"为每个最高项目添加已命名的任务"。根据构建模型的方式，这可以是层、组、块、单元或几何图形。

【注意】系统将自动创建实际开始日期和结束日期，这些日期从当前系统日期开始，并针对随后的每个结束日期和开始日期递增一天。此外，还将自动创建计划的开始日期和结束日期，这些日期将与实际日期相同。最后，任务类型将设置为"建造"。

14.1.13 基于搜索集或选择集添加任务的步骤

（1）如果尚未打开"TimeLiner"窗。请单击"常用"选项卡→"工具"面板→"TimeLiner"。

（2）在"TimeLiner"窗口的"任务"选项卡中，在任务视图中单击鼠标右键，然后单击快捷菜单上的"工具"。

（3）单击"为每个选择集添加已命名的任务"，以创建与"集合"可固定窗口中的每个选择集和搜索集同名的任务。

【注意】系统将自动创建实际开始日期和结束日期，这些日期从当前系统日期开始，并针对随后的每个结束日期和开始日期递增一天。此外，还将自动创建计划的开始日期和结束日期，这些日期将与实际日期相同。最后，任务类型将设置为 "建造"。

14.1.14 编辑任务

使用通过链接创建的任务时，可能无法编辑某些任务参数。原因很明显，除非您取消任务链接，否则将无法更改任务名称或日期和时间。但是，解除链接的任务将不再与外部进度同步；因此，要编辑链接任务，请修改外部项目文件，然后在"TimeLiner"中同步或重建任务。

14.1.15 更改任务名称的步骤

在"TimeLiner"窗口的"任务"选项卡上,双击要修改的任务名称。

2 为该任务键入一个新名称,然后按 Enter 键。

C 命令项:F2 键。

更改任务日期和时间的步骤。

在"TimeLiner"窗口的"任务"选项卡上,单击要修改的任务。

修改任务日期:单击"开始"和"结束"字段中的下拉按钮将打开日历,可以从中设置实际开始日期/结束日期。单击"计划开始"和"计划结束"字段中的下拉按钮将打开日历,可以设置计划的开始日期/结束日期。使用日历顶部的左箭头按钮和右箭头按钮分别前移和后移一个月,然后单击所需的日期。

14.2 进度表与模型的链接

14.2.1 将任务附加到几何图形

要使四维模拟起作用,需要将每个任务附加到模型中的项目。可以同时创建和附加任务,也可以先创建所有任务,然后单独或在规则定义的批处理中附加它们。

可以将任务附加到"场景视图"中的当前选择、任何选择集或任何搜索集。可以在"已经附上"列中查看附加类型。默认情况下,此列位于"任务类型"之后,但您可以移动它。例如,将其移动到"开始"列之前。

14.2.2 手动附加任务

(1) 将任务附加到当前选择的步骤。

① 如果尚未打开"TimeLiner"窗。请单击"常用"选项卡 → "工具"面板 → "TimeLiner"。

② 在"场景视图"或"选择树"中,选择所需的几何图形对象。

③ 在"TimeLiner"窗口的"任务"选项卡上,在所需的任务上单击鼠标右键,然后单击快捷菜单上的"附加选择集"。

任务图标已经更改,表明该任务现在包含附加的项目。查看"已经附上"列的下方以获取有关附加类型的信息。

【注意】如果需要向已经附加的任务中添加其他项目,请单击快捷菜单上的"追加选择集"选项,否则将替代先前附加的所有任务。

(2) 将任务附加到选择集或搜索集的步骤。

① 如果尚未打开"TimeLiner"窗。请单击"常用"选项卡 → "工具"面板 → "TimeLiner"。

② 在"TimeLiner"窗口的"任务"选项卡上,在所需的任务上单击鼠标右键,并单击"附加选择集",然后单击所需的选择集或搜索集。

任务图标已经更改,表明该任务现在包含附加的项目。

(3) 将任务附加到当前搜索的步骤。

① 如果尚未打开"TimeLiner"窗。请单击"常用"选项卡→"工具"面板→"TimeLiner"。

② 从"查找项目"可固定窗口中运行所需搜索。

在"TimeLiner"窗口的"任务"选项卡上，在所需的任务上单击鼠标右键，然后单击"附加搜索"。任务图标已经更改，表明该任务现在包含附加的项目。

（4）将多个任务附加到选择集或搜索集的步骤。

① 如果尚未打开"TimeLiner"窗。请单击"常用"选项卡→"工具"面板→"TimeLiner"。

② 在"TimeLiner"窗口的"任务"选项卡上，按住 Ctrl 或 Shift 键选择所有必需任务。

③ 在选择的任务上单击鼠标右键，单击"附加选择集"，然后单击所需的选择集或搜索集。任务图标已更改，表明选定的任务现在包含附加的项目。

（5）验证项目进度。

可以通过标识未包含在任何任务中的项目是否在多个任务中重复或是否位于重叠任务中来验证进度的有效性。当使用规则附加任务时，该方法尤其有用。

某个项目可能由于多种原因而处于未附加状态。例如，项目进度文件中的某个任务被省略，或几何图形项目未包含在选择集或搜索集中。

（6）检查进度的步骤。

① 如果尚未打开"TimeLiner"窗。请单击"常用"选项卡→"工具"面板→"TimeLiner"。

② 在"TimeLiner"窗口的"任务"选项卡中，在任务视图上单击鼠标右键，然后单击"检查"。

③ 选择一个可用选项。

查找未包含的项目。选中该选项会选择场景中未附加到任务的所有项目，或未包含在附加到任务的任何其他项目中的项目。

（7）使用甘特图。

可以查看您的项目安排为"甘特图视图"选项卡上的甘特图的表示。此选项卡与"任务"选项卡保持同步。这意味着当您在"任务"选项卡和"甘特图视图"选项卡之间交换时，会选择相同的项目并保持在视图中。另外，修改"任务"选项卡上的字段会修改"甘特图视图"选项卡上相应的字段。

（8）查看当前日期的甘特图的步骤。

① 单击单击"常用"选项卡→"工具"面板→"TimeLiner"，然后单击"TimeLiner"窗口中的"甘特图视图"选项卡。

② 在"显示日期"下拉菜单中选择"当前"。

（9）查看计划日期的甘特图的步骤。

① 单击单击"常用"选项卡→"工具"面板→"TimeLiner"，然后单击"TimeLiner"窗口中的"甘特图视图"选项卡。

② 在"显示日期"下拉菜单中选择"计划"。

（10）查看计划与当前日期的甘特图的步骤。

① 单击单击"常用"选项卡→"工具"面板→"TimeLiner"，然后单击"TimeLiner"

窗口中的"甘特图视图"选项卡。

② 在"显示日期"下拉菜单中选择"计划与当前"。

(11) 将任务与项目更改同步。

将模型链接到外部项目进度的好处之一是可以在"TimeLiner"中轻松地更新对进度所做的任何更改。

(12) 同步任务的步骤。

① 在进度安排软件中对项目进行更改，然后进行保存。

② 将模型载入到 Autodesk Navisworks 中。

③ 单击"常用"选项卡→"工具"面板→"TimeLiner"卡。然后单击"TimeLiner"窗口中的"链接"选项卡。

④ 在指向已修改的项目文件的链接上单击鼠标右键，然后单击下列选项之一：

a. 通过链接重建任务层次。选中该选项可从选定项目文件中重新导入所有任务和相关数据，然后在"任务"选项卡上重建任务层次结构。

b. 从链接同步任务。选中此选项将使用选定项目文件中的最新相关数据（例如，开始日期和结束日期）更新"任务"选项卡中的所有现有任务。

或者，在链接视图中的任何位置上单击鼠标右键，然后单击"通过所有连接重建任务层次"。这样，您可以从所有链接项目文件中重新导入所有任务和相关数据，然后在"任务"选项卡上重建任务层次结构。

(13) 播放模拟。播放模拟的步骤如下：

① 如果尚未打开"TimeLiner"窗口，请单击"常用"选项卡→"工具"面板→"TimeLiner"。

② 在"任务"选项卡上，选中要包含在模拟中的所有任务的"活动"复选框。

③ 确保为活动任务指定了正确的任务类型。

④ 确保将活动任务附加到几何图形对象，然后单击"模拟"选项卡。

⑤ 单击"播放"公按钮。

"TimeLiner"窗口将在任务执行时显示这些任务，而"场景视图"显示根据任务类型随时间添加或删除的模型部分。

(14) 模拟外观。每个任务都有一个与之相关的任务类型，任务类型指定了模拟过程中如何在任务的开头和结尾处理（和显示）附加到任务的项目。可用选项包括：

① 无一附加到任务的项目将不会更改。

② 隐藏一附加到任务的项目将被隐藏。

③ 模型外观一附加到任务的项目将按照它们在模型中的定义进行显示。这可能是原始 CAD 颜色；如果在 Autodesk Navisworks 中应用了颜色和透明度替换或在"Presenter"中应用了材质，也将显示它们。

④ 外观定义一用于从"外观定义"列表中进行选择，包括十个预定义的外观和已添加的任何自定义外观。

(15) 添加任务类型定义的步骤。

① 如果尚未打开"TimeLiner"窗口，请单击"常用"选项卡→"工具"面板→"TimeLiner"。

② 单击"配置"选项卡，在"任务类型"区域中单击鼠标右键，然后单击快捷菜单上

的"添加"。

③ 将向列表底部添加一个新任务类型；该类型将高亮显示，使您能够为它输入一个新名称。

④ 使用每个"外观"字段右侧的下拉按钮指定所需的对象行为。

可以自定义下列特性：

a. 开始日期图示—任务开始时项目的日期图示，例如"透明的绿色"。

b. 结束日期图示—任务完成时项目的日期图示，例如"隐藏"。

c. 最早日期图示—任务开始的时间早于计划的时间时项目的日期图示，例如"透明的黄色"。

d. 最晚日期图示—任务开始的时间晚于计划的时间时项目的日期图示，例如"透明的红色"。

【注意】至少需要定义"模拟起始状态"，这会为任务类型指定唯一的开始外观。如果不配置此字段，则将使用在"默认模拟开始外观"中设置的开始外观。

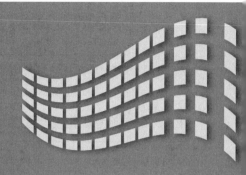

附录一

《桥梁 BIM 建模》课程标准

一、基本信息

课程名称：桥梁 BIM
课程性质：专业课
学　　分：2 学分
学期总学时：32 学时
适用对象：道路桥梁工程技术专业（道路与桥梁方向）学生、道路桥梁工程技术专业（桥梁与隧道方向）学生、工程监理专业。

二、课程性质

本课程是三年制高职道路与桥梁、桥梁与隧道、工程测量、工程监理、工程造价等专业的一门选修课程。本课程主要包含 BIM 技术的现状以及 BIM 建模、BIM 桥梁管理的结合等。从人才培养来看，本课程开拓了公路与桥梁专业的就业面，使高职学生不仅有坚实的理论基础，而且通过训练，具有较强的实践能力。

先修课程：工程制图、工程力学、结构设计原理、基础工程、桥涵设计等。
后续课程：毕业设计。

三、课程目标

1. 技能目标

（1）会建立桥梁 BIM 模型。
（2）能运用桥梁 BIM 模型进行施工管理。

2. 知识目标

（1）掌握 BIM 技术的发展现状。
（2）掌握 T 梁桥、箱梁桥、拱桥、斜拉桥建模的主要步骤。

（3）能利用 BIM 模型进行施工进度管理、成本管理。

3. 素质目标

（1）端正学生的学习态度、形成良好的学习习惯。
（2）培养团结协作、一丝不苟的工作作风和吃苦耐劳的精神。
（3）培养学生的创新精神。

四、课程模块描述与学时分配

模块	项目	单元	课时
模块一 某 T 型梁桥模型建立 （基本能力——必备知识）	某 T 型梁桥工程资料	学习单元一　BIM 概述 学习单元二　Autodesk Revit 基础操作	2
	某 T 型梁桥工程资料	学习单元三　创建 T 梁桥模型 学习单元四　创建 T 梁主梁族	4
	某 T 型梁桥 BIM 模型	学习单元五　创建桥墩、桥台族	4
	某 T 型梁桥模型	学习单元六　创建桥面系族	2
	某 T 型梁桥模型	训练项目一：完成某 T 梁桥模型构建	6
模块二 其他桥型施工方法 （拓展能力——储备知识）	某空心板梁模型	学习单元七　创建空心板梁桥模型	2
	某箱梁模型	学习单元八　创建箱型梁桥模型	2
	某拱桥模型	学习单元九　创建拱桥模型	2
	某拱桥模型	训练项目二：完成某拱桥模型构建	4
模块三 运用桥梁 BIM 模型进行施工管理 （通用能力——一般知识）	T 梁模型	学习单元十四　利用 Navisworks 进行桥梁施工模拟 学习单元十五　利用 Navisworks 进行桥梁进度管理	2

注：复习 2 课时。

五、课程实施说明

（一）教学建议

1. 教学内容项目化

本课程在内容体系方面。课程结构采用基于工作工程的任务驱动结构，以一座梁桥施工全过程为模块一，将施工过程中每个结构的施工设置为一个项目，在项目中分若干任务来实现课程目标。模块二，以现阶段桥梁施工使用的最多的施工方法为项目，使学生在案例任务的基础上更加对桥梁建模有一个深层次的了解。这有利于学生掌握每一模块的知识和能力，另一方面也尽量避免了教学内容的简单重复。

2. 教学手段视频化

将桥梁 BIM 建模的过程录制为相应的微课，学生在课后可以进行复习。

3. 工程案例专题化

围绕本教材，以典型的工程案例将新工艺、新设备、新技术、新规范在第一时间内传授给学生，同时有利于对重点、难点的理解及相关知识点的系统排序。

(二) 教材建议

《桥梁 BIM 建模基础教程》由湖南交通职业技术学院和湖南路桥总公司、长安大学、长沙理工大学及五所交通职业院校共同开发，将行业标准及新规范、新工艺、新技术引入教材中，并插入了大量的工程图片，力求文字表述直观、形象，通俗易懂，实现学生的自主学习。

(三) 教学评价建议

1. 考核评价形式

考核评价方式：平时成绩 50%＋期末成绩 50%

2. 考核评价内容

"知识＋能力＋素质"三个方面

对学生的学习进行了全方位、全过程的考核评价，激发了学习兴趣，培养了能力，实施了职业素质教育，效果明显。考核时，既可以对课程进行整体考核来评定成绩，也可以分模块进行考核，考核方法机动灵活。

制定人：龚静敏
2017 年 9 月 1 日

附录二

《桥梁 BIM 建模》授课计划

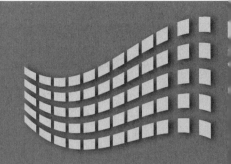

周数	课时	授课内容	备注
一	2	学习单元一　BIM 概述 学习单元二　Autodesk Revit 基础操作	
一	2	学习单元三　创建 T 梁桥模型	
二	2	学习单元四　创建 T 梁主梁族	完成 T 梁族任务
二	2	学习单元五　创建桥墩、桥台族 创建桥墩族	完成桥墩族任务
三	2	学习单元五　创建桥墩、桥台族 创建桥台族	
三	2	学习单元六　创建桥面系族	
四	2	项目一：完成某 T 梁桥模型构建（一） 学生完成主梁族创建	项目驱动
四	2	项目一：完成某 T 梁桥模型构建（二） 学生完成桥墩族创建	项目驱动
五	2	项目一：完成某 T 梁桥模型构建（三） 学生完成 T 梁整体模型创建	项目驱动
五	2	学习单元七　创建箱型梁桥模型	
六	2	学习单元七　创建箱型梁桥模型	
六	2	学习单元八　创建拱桥模型	
七	2	项目二：完成某拱桥模型构建（一） 学生完成主拱圈族创建	项目驱动
七	2	项目二：完成某拱桥模型构建（二） 学生完成拱桥模型创建	项目驱动

续表

周数	课时	授课内容	备注
八	2	学习单元十四　利用 Navisworks 进行桥梁施工模拟 学习单元十五　利用 Navisworks 进行桥梁进度管理	
八	2	复习	

参 考 文 献

[1] 熊峰,郑荣跃.市政桥梁工程(宁波澄浪桥)全流程 BIM 工程化应用[M].北京:机械工业出版社,2017.
[2] 刘孟良.建筑信息模型(BIM)Revit Architecture 2016 操作教程[M].长沙:中南大学出版社,2016.
[3] 闫志刚.沪通长江大桥 BIM 管理系统研发与应用[J].铁道建筑,2016(3).
[4] 洪磊.BIM 技术在桥梁工程中的应用[D].成都:西南交通大学,2012.
[5] 龙腾,唐红,吴念等.BIM 技术在武汉某高架桥工程施工中的应用研究[J].施工技术,2014,03.
[6] 刘占省,李斌,王杨等.BIM 技术在多哈大桥施工管理中的应用[J].施工技术,2015,44(12):76-80.
[7] Chuck Eastman. BIM Handbook-A guide to building information modeling for owners, managers, designers, engineering, and contractors. [M]. New York: John Wiley sons,2011.
[8] Autodesk Asia Pte Ltd. Autodesk Revit Structure 2012 应用宝典[M].上海:同济大学出版社,2012.
[9] 柏慕培训. Autodesk Revit Architecture 2011 官方标准教程[M].北京:电子工业出版社,2011.